# 서울대 한국어

Workbook 3B

서울대학교 언어교육원

# 서울대 한국어 3B Workbook

**지은이** 서울대학교 언어교육원
**편집인** 박형만, 송솔내, James Lee
**펴낸곳** (주)투판즈
서울시 강남구 논현로 303
Tel (02)2140-2500
Fax (02)2140-2599
www.twoponds.co.kr
**등록** 1980년 10월 7일 제2004-000086호
**디자인** 디자인마루 / 새담디앤피
**초판 1쇄** 2015년 12월 30일
**45쇄** 2025년 9월 1일

**ISBN** 978-89-539-4955-3



Written by Language Education Institute, Seoul National University
Published by TWOPONDS Co., Ltd.
Designed by Designmaru / SAEDAM D&P

# 머리말 Preface

〈서울대 한국어 3B Workbook〉은 〈서울대 한국어 3B Student's Book〉의 부교재로, 주교재에서 학습한 내용이 연습을 통해 사용 능력으로 정착되도록 구성하였다. 이를 위해 어휘와 문법을 다양한 맥락 속에서 사용해 보고 복습 단원을 통해 정리 학습이 이루어질 수 있도록 하였다.

어휘는 사용 영역을 고려한 문장 및 대화 단위의 연습 문제를 마련하여 맥락에서 의미를 파악하고 생산적인 사용에 이를 수 있도록 하였다. 또한 목표 문법을 문장 및 대화 단위에서 정확하게 사용하여 문장 구성 능력, 담화 구성 능력을 익힐 수 있도록 하였다. 어휘 및 문법의 연습 문제에 제시된 문장이나 대화는 연습을 위한 기계적 문장을 지양하고 실제적 상황, 유의미한 대화에 중점을 두고 제시함으로써 교실에서의 연습이 교실 밖에서의 언어 사용 능력으로 용이하게 연계되도록 하였다. 또한 학습 내용을 점검하고 정리하기 위한 복습 단원을 세 단원마다 두었다. 복습 단원에서는 의미적 또는 형태적으로 유사한 어휘 및 문법의 구별 학습, TOPIK 형식의 어휘와 문법, 듣기, 읽기 및 쓰기 연습 문제 풀이, 발음 복습 등을 통해 과별로 학습된 언어 지식 및 언어 기술을 확인하고 통합하여 사용해 보도록 하였다. 또한 말하기 확장 연습을 추가로 제공하여 중급 단계의 구어 능력을 강화할 수 있도록 하였다.

이 책이 완성되기까지 많은 분들의 노력과 수고가 있었다. 무엇보다 오랜 기간에 걸쳐 집필 및 출판 과정에 참여한 교재개발위원회 선생님들의 헌신으로 책이 만들어질 수 있었다. 또한 직접 수업에서 사용하면서 꼼꼼하게 수정해 주신 서울대학교 언어교육원 한국어교육센터의 여러 선생님들, 정확한 발음으로 녹음을 해 주신 성우 임채헌, 우현주 선생님의 노고에 감사를 드린다. 아울러 책이 출판되기까지 오랜 기간 동안 작업을 도와주신 투판즈의 사장님과 도현정 부장님, 박형만 편집팀장님, 송솔내 대리님을 비롯한 편집진 여러분께도 고마운 마음을 전한다.

2015. 12.
서울대학교 언어교육원
원장 전 영 철

# Preface 머리말

<Seoul National University Korean Language 3B Workbook> is a supplementary resource for <Seoul National University Korean Language 3B Student's Book>. This book is carefully coordinated to develop learners' proficiency through exercises supporting the content of the main textbook. It provides a variety of exercises for vocabulary and grammar, and review units.

Sentence level and dialogue level vocabulary exercises are designed to promote learners' ability to grasp meaning in context and apply language in productive manner. Grammar exercises develop learners' control of grammar at the sentence level and conversational level, and further expand learning ability to creating sentences and conversational language. Carefully selected sentences from meaningful and authentic communicative contexts enable learners to apply language in real-life situations beyond the classroom. A review unit for every three main units allows both evaluation of learners' progress and review. Review units provide learners with opportunities to integrate the knowledge and skills acquired from each unit through the contrast of grammar items that are similar in meaning and form, TOPIK test modeled review exercises for vocabulary, grammar, listening, reading, and writing, and a pronunciation review. Extended speaking practice enhances learners' intermediate level in spoken language.

We wish to express our sincere gratitude to all who contributed to this project. We would particularly like to thank all instructors from the textbook development committee. Without their dedication and effort, this textbook would not have been possible. Also, we would like to thank numerous instructors of the [Korean] Language Education Institute at Seoul National University for their help in piloting materials and making suggestions. In addition, we would like to thank Lim Chaeheon and Woo Hyunju for their audio recordings. Finally, we would like to extend our gratitude to the CEO of TWOPONDS, Director Do Hyunjeong, Editorial Manager Park Hyungman, Ms. Song Solnae and all other editorial staff members for their generous support in having this volume published.

December 2015

**Jun Youngchul**

Executive Director

Language Education Institute, Seoul National University

# 일러두기 How to use this book

서울대 한국어 3B Workbook은 〈서울대 한국어 3B Student's Book〉의 부교재로 10~18과, 복습 4~6으로 구성되었다. 각 과는 '어휘 연습', '문법과 표현 연습', '문형 연습'으로 구성되어 있으며, 복습은 '어휘와 문법, 듣기, 읽기와 쓰기, 발음, 말하기'로 구성되어 있다.

The Seoul National University Korean Language 3B Workbook is a supplementary resource for the <Seoul National University Korean Language 3B Student's Book>. This workbook contains 9 main units and 3 review units. Each unit consists of Vocabulary exercises, Grammar and Expression exercises, and Pattern Practice. Review units include Vocabulary and Grammar, Listening, Reading and Writing, Pronunciation, and Speaking exercises.

10 결혼하려면 아직 멀었어요
It will be a long time before I get married

**학습 목표** Learning Goals

각 과의 어휘, 문법과 표현, 문형 연습의 학습 목표를 제시한다.
The Cover Page presents the learning objectives of the Vocabulary, Grammar and Expression, and Pattern Practice portions of each unit.

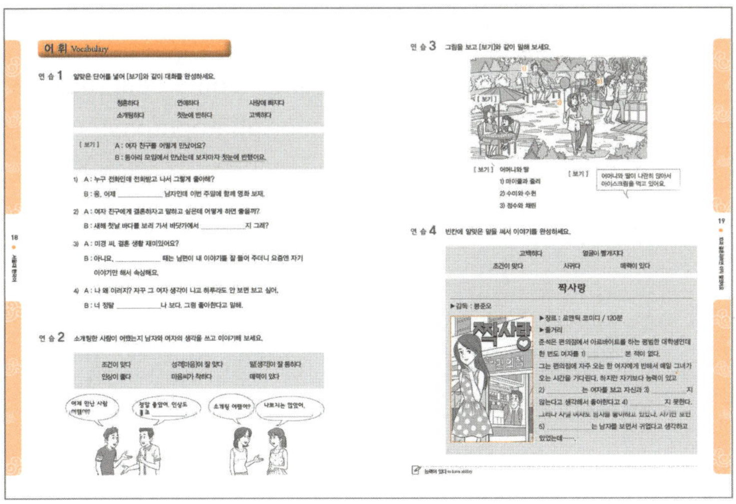
어휘 Vocabulary

짝사랑

- **어휘** Vocabulary

주제 어휘의 의미를 확인하고 사용역이나 연어 관계 등을 익히며, 문장 혹은 대화 단위의 어휘 연습을 통해 어휘의 사용 능력을 기른다.
The Vocabulary section develops learners' knowledge of lexical meanings, domain of usage, and collocations while promoting vocabulary use through sentence or dialogue level exercises.

# 일러두기 How to use this book

## • 문법과 표현 Grammar and Expression

형태 연습과 문장 단위의 연습, 대화 단위의 연습으로 구성된다.

The Grammar and Expression section offers pattern drill exercises, sentence level exercises and dialogue level exercise.

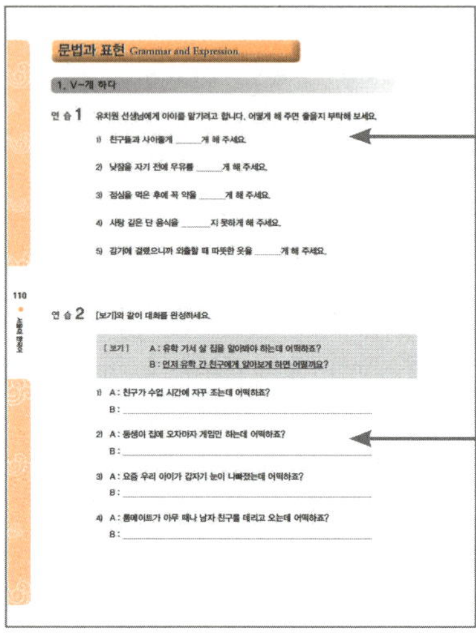

**형태 연습**

목표 문법의 활용 형태를 연습한다.

Pattern drill exercises provide practice of target grammar conjugations.

**문장 연습**

제시어나 그림, 사진을 활용하여 문장을 구성한다.

Sentence level exercises allow for the production of sentences using given words, illustrations, or photographs.

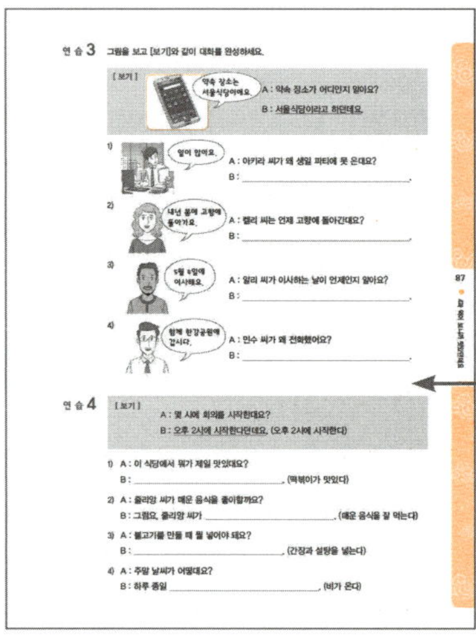

**대화 연습**

제시어나 그림, 사진을 활용하여 맥락을 드러내는 짧은 대화를 구성한다.

Dialogue level exercises offer short contextual dialogues using given words, illustration, or photographs.

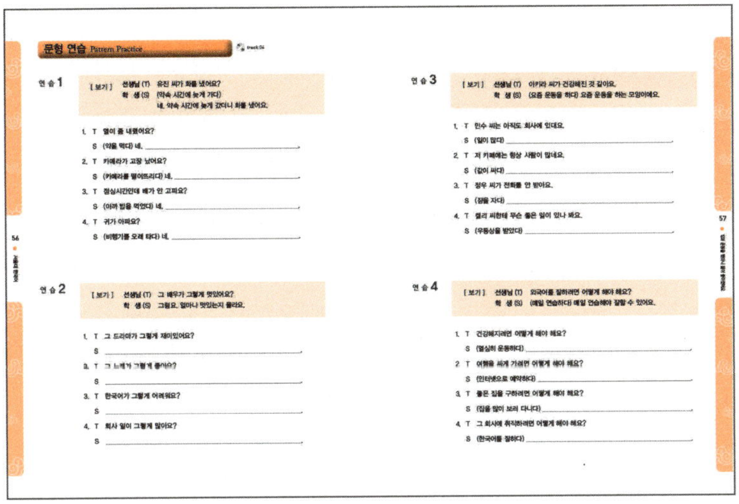

## • 문형 연습 Pattern Practice

통제된 반복 연습을 통해 학습한 문법과 표현을 충분히 익히도록 한다.

The Pattern Practice section encourages learning of grammar and expressions through controlled repeated exercises.

## • 복습 Review

과별 학습 내용을 연계하여 어휘와 문법, 듣기, 읽기와 쓰기, 발음, 말하기의 영역별 복습을 할 수 있도록 구성되어 있다.

The Review section reexamines the Vocabulary, Grammar, Listening, Reading, Writing, Pronunciation, and Speaking portions of each unit.

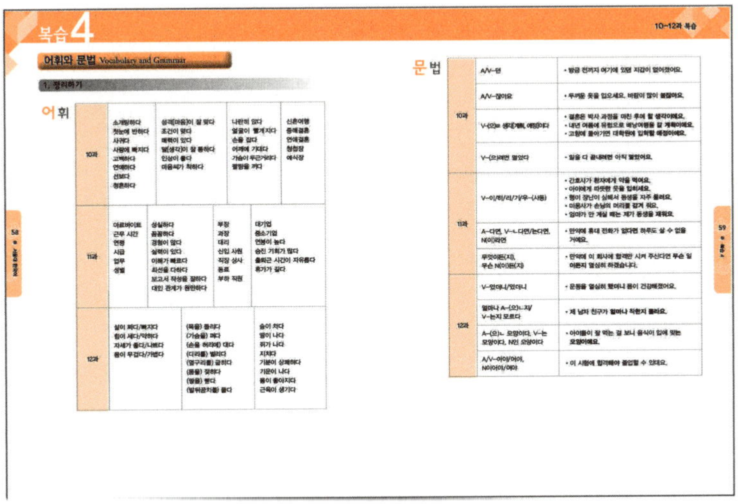

### 어휘와 문법

주제 어휘, 문법과 표현의 각 항목을 예문과 함께 제시하여 학습 내용을 확인하고 정리할 수 있도록 한다.

The Vocabulary and Grammar section provides a consolidated explanation of each key Vocabulary, and Grammar and Expression item.

# 일러두기 How to use this book

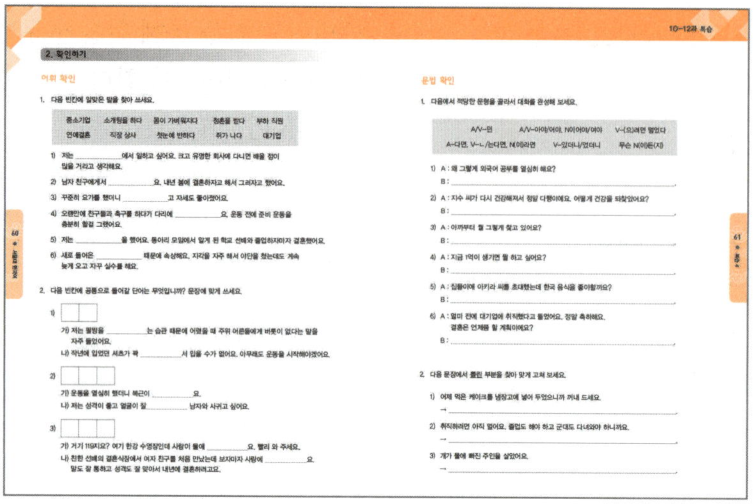

목표 문법 중 학습자 오류가 빈번하거나 심화 학습이 필요한 항목을 선정하여 의미와 용법을 재확인하고 연습할 수 있도록 한다.

The Vocabulary and Grammar section provides exercises to reexamine selected items that have a high frequency of grammatical errors and require further study.

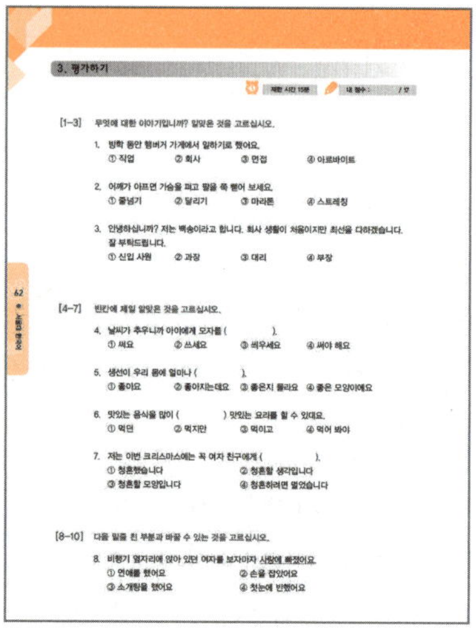

어휘, 문법과 표현에 대한 다양한 유형의 문제를 풀면서 학습자의 성취도를 점검할 수 있도록 한다.

The Vocabulary and Grammar section provides various types of pattern exercises to evaluate learners' progress.

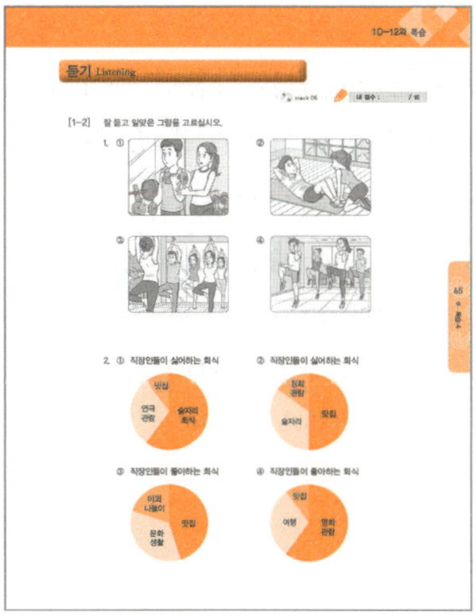

## 듣기

학습한 주제와 관련된 내용의 문제를 풀면서 의사소통 상황에 대한 이해 능력을 높이도록 한다.

The Listening section promotes topical comprehension in communicative contexts.

# 읽기와 쓰기

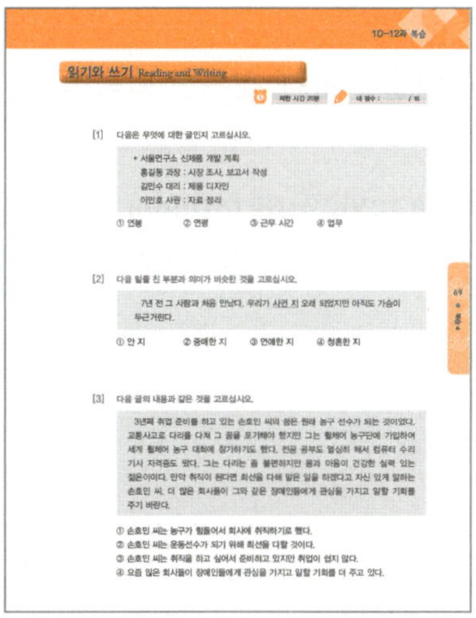

## 읽기

목표 어휘와 문법이 포함된 다양한 글을 읽고 문제 풀이를 통해 이해를 확인한다.

The Reading section presents varied types of texts and exercises that include target vocabulary and grammar allowing learners to check their comprehension.

# 일러두기 How to use this book

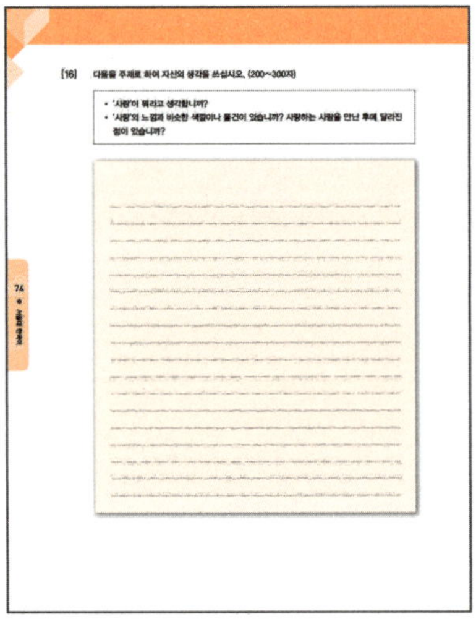
[16] 다음을 주제로 하여 자신의 생각을 쓰십시오. (200~300자)

- '사랑'이 뭐라고 생각합니까?
- '사랑'의 느낌과 비슷한 색깔이나 물건이 있습니까? 사랑하는 사람을 만난 후에 달라진 점이 있습니까?

## 쓰기

문장 단위 쓰기 연습을 마련하여 목표 어휘와 문법을 사용한 문장 구성 능력을 향상시킬 수 있도록 한다. 또한 주제 중심의 담화 단위 쓰기 연습을 통해 텍스트 구성 능력을 향상시킬 수 있도록 한다.

The Writing section offers sentence level writing exercises that enhance the ability to create sentences using target vocabulary and grammar, and thematic conversational level writing exercises that promote the ability to construct texts.

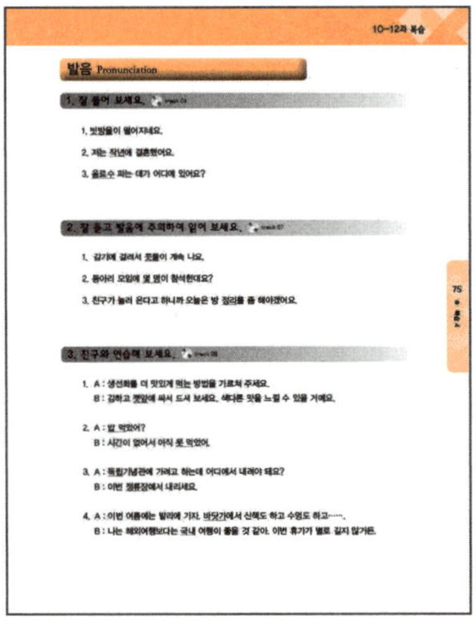
10-12과 복습

발음 Pronunciation

1. 잘 들어 보세요.

1. 빗방울이 떨어지네요.
2. 저는 작년에 결혼했어요.
3. 음료수 파는 데가 어디에 있어요?

2. 잘 듣고 발음에 주의하여 읽어 보세요.

1. 감기에 걸려서 콧물이 계속 나요.
2. 동아리 모임에 몇 명이 참석한대요?
3. 친구가 놀러 온다고 하니까 오늘은 방 정리를 좀 해야겠어요.

3. 친구와 연습해 보세요.

1. A : 생선회를 더 맛있게 먹는 방법을 가르쳐 주세요.
   B : 김하고 깻잎에 싸서 드셔 보세요. 색다른 맛을 느낄 수 있을 거예요.
2. A : 밥 먹었어?
   B : 시간이 없어서 아직 못 먹었어.
3. A : 독립기념관에 가려고 하는데 어디에서 내려야 돼요?
   B : 이번 정류장에서 내리세요.
4. A : 이번 여름에는 발리에 가자. 바닷가에서 산책도 하고 수영도 하고……
   B : 나는 해외여행보다는 국내 여행이 좋을 것 같아. 이번 휴가가 별로 길지 않거든.

75

## 발음

학습한 발음 영역의 내용을 확인하고 연습을 통해 정확한 발음이 내재화될 수 있도록 한다.

The Pronunciation section provides a review of pronunciation rules and ensures successful internalization of accurate pronunciation.

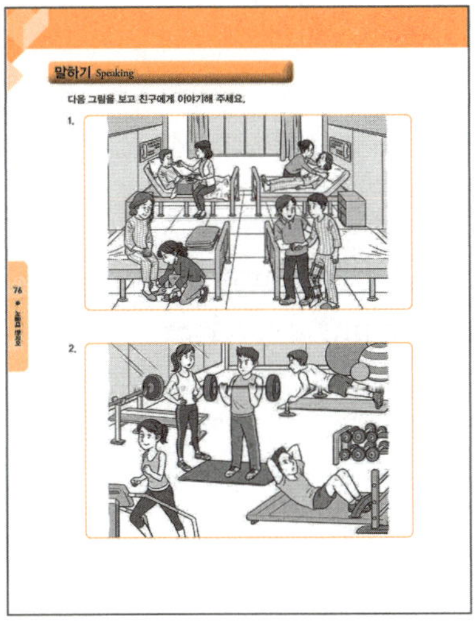


## 말하기

학습한 내용과 관련된 그림을 제시하여 그림을 보면서 이야기를 만들어 보는 연습을 한다.

The Speaking section is a story-making exercise that contains an image related to the topic.

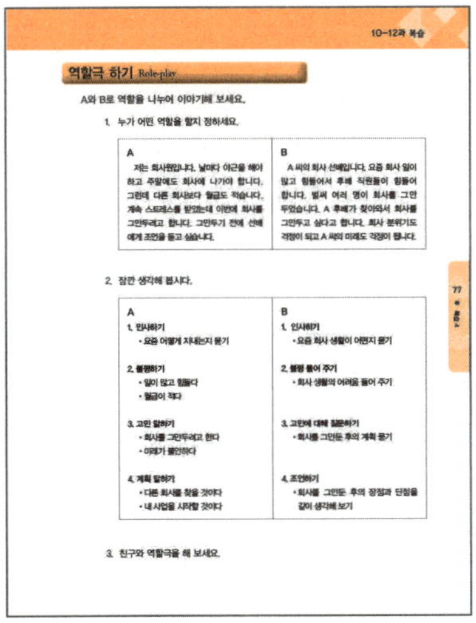


## 역할극 하기

실제적인 대화 상황을 역할극 형식으로 제시하여 유의미한 상호작용이 이루어지도록 한다.

The Role-play section offers reciprocal practice at realistic Role-play scenarios and at authentic communicative situations.

# 일러두기 How to use this book

## • 부록 Appendix

'듣기 지문', '모범 답안'으로 구성된다.

The Appendix supplies Listening Scripts, and Answer Key.

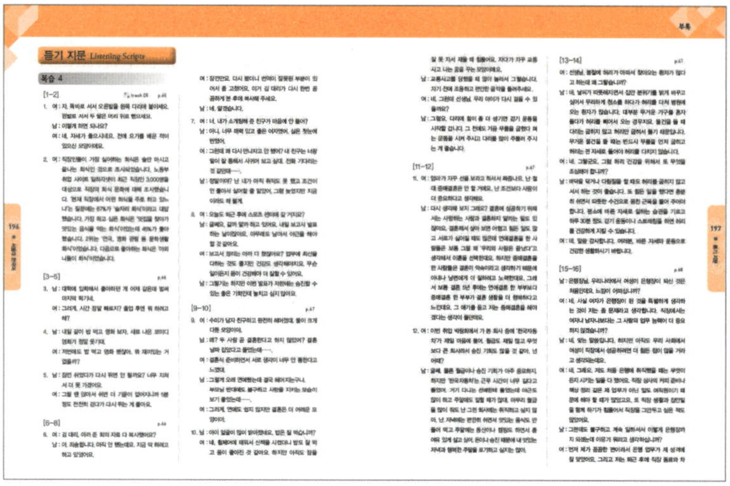

**듣기 지문**

복습 듣기의 지문을 제공한다.

The Listening Scripts furnish texts of the listening exercises in review units.

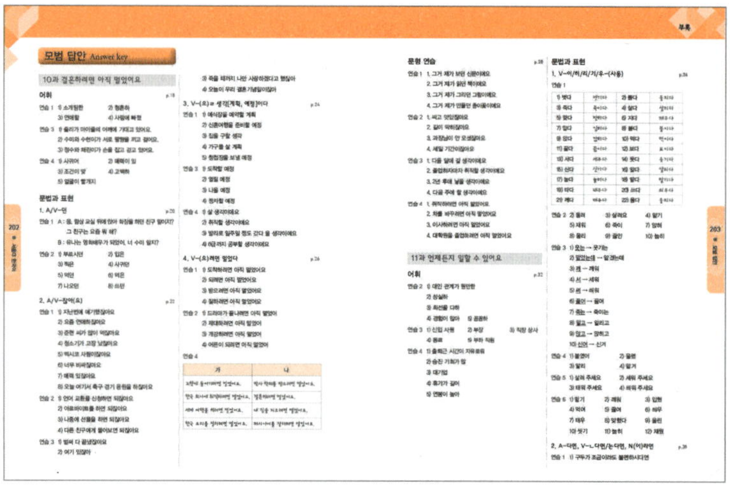

**모범 답안**

각 과의 '어휘, 문법과 표현, 문형 연습'의 문제, 복습의 '어휘와 문법, 듣기, 읽기와 쓰기' 문제에 대한 모범 답안을 제공한다.

Answer Key supplies correct answers for Vocabulary, Grammar and Expression, Pattern Practice in each unit; and Vocabulary and Grammar, Listening, Reading and Writing in review units.

# 차례 Contents

# 교재 구성표 Scope and Sequence

| 과<br>Unit | 어휘<br>Vocabulary | 문법과 표현<br>Grammar and Expression | |
|---|---|---|---|
| 10 과<br>결혼하려면 아직 멀었어요<br>It will be a long time before I get married | • 연애와 결혼<br>Romance and marriage | • A/V–던<br>• A/V–잖아(요)<br>• V–(으)ㄹ 생각[계획, 예정]이다<br>• V–(으)려면 멀었다 | 문형 연습<br>Pattern Practice |
| 11 과<br>언제든지 일할 수 있어요<br>You can work anytime you like | • 업무<br>Work duties | • V–이/히/리/기/우–(사동)<br>• A–다면, V–ㄴ다면/는다면, N(이)라면<br>• 무엇이든(지), 무슨 N(이)든(지) | 문형 연습<br>Pattern Practice |
| 12 과<br>운동을 했더니 몸이 좋아졌어요<br>I exercised, and my body became better | • 운동, 몸의 상태<br>Exercise, body condition | • V–았더니/었더니<br>• 얼마나 A–(으)ㄴ지/ V–는지 모르다<br>• A–(으)ㄴ 모양이다, V–는 모양이다, N인 모양이다<br>• A/V–아야/어야, N이어야/여야 | 문형 연습<br>Pattern Practice |
| 복습 4 | | | |
| 13 과<br>지금 입고 있는 양복이 잘 어울려요<br>The suit you are wearing looks good on you | • 모임과 옷차림<br>Gatherings and attire | • A/V–(으)ㄹ까 봐<br>• V–고 있다<br>• A/V–았어야/었어야 했는데<br>• V–도록 | 문형 연습<br>Pattern Practice |
| 14 과<br>나이가 들면 들수록 고향이 그리워져요<br>The older I get, the more I miss my hometown | • 도시와 시골<br>City and countryside | • 하도 A/V–아서/어서<br>• A/V–았던/었던<br>• A–아/어하다<br>• A/V–(으)면 A/V–(으)ㄹ수록 | 문형 연습<br>Pattern Practice |

# 10 결혼하려면 아직 멀었어요

## It will be a long time before I get married

**어 휘**
- 연애와 결혼
  Romance and marriage

**문법과 표현**
- A/V-던
- A/V-잖아(요)
- V-(으)ㄹ 생각[계획, 예정]이다
- V-(으)려면 멀었다

**문형 연습**

## 어 휘 Vocabulary

**연 습 1** 알맞은 단어를 넣어 [보기]와 같이 대화를 완성하세요.

| 청혼하다 | 연애하다 | 사랑에 빠지다 |
|---|---|---|
| 소개팅하다 | 첫눈에 반하다 | 고백하다 |

[ 보기 ] A : 여자 친구를 어떻게 만났어요?
B : 동아리 모임에서 만났는데 보자마자 첫눈에 반했어요.

1) A : 누구 전화인데 전화받고 나서 그렇게 좋아해?
B : 응, 어제 ____________ 남자인데 이번 주말에 함께 영화 보재.

2) A : 여자 친구에게 결혼하자고 말하고 싶은데 어떻게 하면 좋을까?
B : 새해 첫날 바다를 보러 가서 바닷가에서 ____________지 그래?

3) A : 미경 씨, 결혼 생활 재미있어요?
B : 아니요, ____________ 때는 남편이 내 이야기를 잘 들어 주더니 요즘엔 자기 이야기만 해서 속상해요.

4) A : 나 왜 이러지? 자꾸 그 여자 생각이 나고 하루라도 안 보면 보고 싶어.
B : 너 정말 ____________나 보다. 그럼 좋아한다고 말해.

**연 습 2** 소개팅한 사람이 어땠는지 남자와 여자의 생각을 쓰고 이야기해 보세요.

| 조건이 맞다 | 성격[마음]이 잘 맞다 | 말[생각]이 잘 통하다 |
|---|---|---|
| 인상이 좋다 | 마음씨가 착하다 | 매력이 있다 |

**연 습 3** 그림을 보고 [보기]와 같이 말해 보세요.

[ 보기 ] 어머니와 딸

1) 마이클과 줄리

2) 수미와 수현

3) 정수와 채린

[ 보기 ] 어머니와 딸이 나란히 앉아서 아이스크림을 먹고 있어요.

**연 습 4** 빈칸에 알맞은 말을 써서 이야기를 완성하세요.

| 고백하다 | 얼굴이 빨개지다 | |
|---|---|---|
| 조건이 맞다 | 사귀다 | 매력이 있다 |

## 짝사랑

▶감독 : 봉준오

▶장르 : 로맨틱 코미디 / 120분

▶줄거리

준석은 편의점에서 아르바이트를 하는 평범한 대학생인데 한 번도 여자를 1) __________ 본 적이 없다.

그는 편의점에 자주 오는 한 여자에게 반해서 매일 그녀가 오는 시간을 기다린다. 하지만 자기보다 능력이 있고* 2) __________는 여자를 보고 자신과 3) __________지 않는다고 생각해서 좋아한다고 4) __________지 못한다.

그러나 사실 여자도 남자를 좋아하고 있었다. 자기만 보면 5) __________는 남자를 보면서 귀엽다고 생각하고 있었는데…….

* 능력이 있다 to have ability

# 문법과 표현 Grammar and Expression

## 1. A/V-던

**연 습 1** 10년 만에 동창을 만나서 고등학교 다닐 때를 생각하면서 이야기합니다.
[보기]와 같이 대화해 보세요.

[ 보기 ]

유학 가서 공부하느라고 친구들과 연락을 못 했어. 친구들은 모두 어떻게 지내?

다 잘 지내. 너 효진이 생각나?

응, 항상 책을 읽던 친구 말이지? 그 친구는 요즘 뭐 해?

효진이는 변호사*가 되었어. 너, 유나 생각나?

변호사 lawyer

## 연 습 2 알맞은 것을 골라 대화를 완성하세요.

[보기] A : 뭘 찾고 있어요?
B : 조금 전까지 내가 ( 읽던 / 읽은 ) 잡지가 없어졌어요.

1) A : 이 노래 알아요? 옛날 노래인데…….
B : 네, 우리 어머니가 항상 ( 부르시던 / 부른 ) 노래예요.

2) A : 결혼 준비 때문에 바쁘지요? 웨딩드레스는 샀어요?
B : 아니요, 언니가 결혼식 때 ( 입던 / 입은 ) 드레스를 저에게 줬어요.

3) A : 이 사진 정말 멋있네요. 어디에서 찍었어요?
B : 제주도에 여행 갔을 때 ( 찍던 / 찍은 ) 사진이에요.

4) A : 주앙 씨가 요즘 왜 저렇게 슬퍼 보여요?
B : ( 사귀던 / 사귄 ) 여자 친구랑 헤어졌대요.

5) A : 왜 화가 났어요?
B : 내가 ( 먹던 / 먹은 ) 케이크를 동생이 먹어 버렸어요.

6) A : 손님, 항상 저희 식당을 찾아 주셔서 감사합니다. 오늘은 뭐로 드릴까요?
B : 지난번에 ( 먹던 / 먹은 ) 음식이 맛있었는데 그 음식 이름이 뭐였지요?

7) A : 텔레비전이 고장 났어요?
B : 네, 어제까지 잘 ( 나오던 / 나온 ) 텔레비전이 오늘 갑자기 안 나와요.

8) A : 아키라 씨, 오늘도 바빠요?
B : 어제 ( 쓰던 / 쓴 ) 보고서를 끝내야 하거든요.

## 2. A/V-잖아(요)

**연 습 1** [보기]와 같이 대화를 완성하세요.

> [ 보기 ] A : 등산 간다고 하더니 왜 안 갔어요.
> B : 밖에 비가 많이 오잖아요. (밖에 비가 많이 온다)

1) A : 오늘 내 생일인 거 어떻게 알았어요?
   B : ____________________. (지난번에 얘기했다)

2) A : 유진 씨가 요즘 예뻐진 거 같아요.
   B : ____________________. (요즘 연애한다)

3) A : 3명인데 왜 불고기를 4인분이나 시켜요?
   B : ____________________. (준현 씨가 많이 먹는다)

4) A : 집이 엉망이네. 청소 좀 해.
   B : ____________________. (청소기가 고장 났다)

5) A : 후안 씨가 스페인어를 참 잘하던데요.
   B : ____________________. (멕시코 사람이다)

6) A : 왜 그 자동차를 안 샀어요?
   B : ______________________________.

7) A : 다니엘 씨는 여자 친구가 많은 것 같아요.
   B : ______________________________.

8) A : 시청 앞에 사람들이 왜 이렇게 많이 모여 있지요?
   B : ______________________________.

## 연 습 2 친구의 걱정을 듣고 [보기]와 같이 이야기해 주세요.

[ 보기 ] A : 읽고 싶던 책이 다 팔렸대요.
B : 도서관에서 빌리면 되잖아요.

1) A : 한국 친구 사귀기가 어려워요.
B : ________________________________.

2) A : 방학에 여행 가고 싶은데 돈이 모자라요.
B : ________________________________.

3) A : 출장을 가게 돼서 친구 결혼식에 못 갈 것 같아요.
B : ________________________________.

4) A : 고향으로 돌아간 친구와 연락하고 싶은데 연락처를 몰라요.
B : ________________________________.

## 연 습 3 [보기]와 같이 대화를 완성하세요.

[ 보기 ] A : 손님, 이 가방을 왜 환불하려고 하십니까?
B : 이것 보세요. 산 지 이틀밖에 안 됐는데 가방끈이 끊어졌잖아요.
(산 지 이틀밖에 안 됐는데 가방끈이 끊어졌다)

1) A : 숙제 다 했어?
B : 이것 보세요. ________________________.
(벌써 다 끝냈다)

2) A : 내가 쓰던 볼펜 어디 갔지?
B : 자기 물건 좀 잘 챙겨*. ________________________.
(여기 있다)

3) A : 우리 이제 헤어지는 게 좋겠어.
B : 어떻게 이럴 수가 있어? ________________________.
(죽을 때까지 나만 사랑하겠다고 했다)

4) A : 어? 오늘 무슨 날인데 이렇게 분위기 있는 식당을 예약했어?
B : 뭐야? 잊어버렸어? ________________________.
(오늘이……)

챙기다 to bring along

## 3. V-(으)ㄹ 생각[계획, 예정]이다

**연 습 1** 다음을 보고 결혼 준비 계획을 써 보세요.

| 5월 | 예식장을 예약하다 | 8월 | 가구를 사다 |
|---|---|---|---|
| 6월 | 신혼여행을 준비하다 | 9월 | 청첩장을 보내다 |
| 7월 | 집을 구하다 | 10월 | 결혼을 하다 |

저는 10월쯤에 결혼할 생각입니다. 제 결혼 준비 계획은 다음과 같습니다.

1) 우선 5월에 ______________________________입니다.

2) 그리고 6월쯤에는 ______________________________입니다.

3) 7월에 ______________________________입니다.

4) 그리고 8월에 ______________________________입니다.

5) 마지막으로 9월에는 ______________________________입니다.

**연 습 2** 친구와 함께 앞으로의 계획에 대해 이야기해 보세요.

봄 여름 가을 겨울

## 연 습 3 [보기]와 같이 대화를 완성하세요.

> **[ 보기 ]** (방송되다*)
> 지금 찍고 있는 드라마 '결혼'은 다음 달부터 텔레비전으로 방송될 예정입니다. 많은 시청* 바랍니다.

1) (도착하다)
   우리 비행기는 잠시 후에 제주도 공항에 ____________________입니다.
   모두 안전벨트를 매 주십시오.

2) (열리다)
   다음 올림픽은 4년 후에 한국에서 ____________________입니다.
   4년 후에 한국에서 뵙겠습니다.

3) (나오다)
   다음 달 1일, 우리 회사의 새 제품이 ____________________입니다.
   많은 관심* 부탁드립니다.

4) (정차하다*)
   승객 여러분, 이 버스는 금강 휴게소*에서 잠시 ____________________입니다.
   20분 후에 다시 출발하겠습니다.

## 연 습 4 [보기]와 같이 대화를 완성하세요.

> **[ 보기 ]** A : 지금 만나는 여자 친구하고 결혼할 거예요?
> B : 네, 내년쯤에 결혼할 생각이에요.

1) A : 차를 바꿀 거라고 들었어요. 새 차를 사실 거예요?
   B : 아니요. 중고차*를 ________________________________________.

2) A : 대학교를 졸업하면 취직하실 거예요?
   B : 네, 졸업하자마자 ________________________________________.

3) A : 신혼여행은 어디로 며칠 동안 갔다 오실 거예요?
   B : ________________________________________.

4) A : 한국어 공부를 언제까지 할 거예요?
   B : ________________________________________.

방송되다 to be broadcast 시청(하다) to view/look and listen 관심 interest 정차하다 to stop a vehicle 휴게소 rest area 중고차 used car

## 4. V-(으)려면 멀었다

**연 습 1** [보기]와 같이 문장을 완성하세요.

> [보기] 저는 연애를 시작한 지 얼마 안 됐어요.
> 결혼을 하려면 아직 멀었어요.

1) 버스가 출발한 지 얼마 안 됐어요.
속초* 에 ________________________________.

2) 회사에 들어간 지 얼마 안 됐어요.
부장이 ________________________________.

3) 이번 달 월급을 받은 지 얼마 안 됐어요.
다음 달 월급을 ________________________________.

4) 한국말을 배운 지 얼마 안 됐어요.
한국말을 한국 사람처럼 ________________________________.

**연 습 2** [보기]와 같이 대화를 완성하세요.

> [보기] A : 고기가 다 익었어? 이제 먹어도 돼?
> B : 익으려면 아직 멀었어. 여기 봐. 아직 빨갛잖아.

1) A : 저 드라마가 언제 끝나? 난 뉴스 좀 듣고 싶은데…….
B : ________________________. 시작한 지 얼마 안 됐거든.

2) A : 남자 친구가 언제 제대해* ?
B : ________________________. 아직 1년이나 남았어.

3) A : 방학 동안 친구들을 못 만나니까 심심하다. 언제 개강하지?
B : ________________________. 아직 한 달이나 남았잖아.

4) A : 빨리 어른이 되고 싶다. 마음대로 하고 싶은 일을 할 수 있으니까.
B : ________________________. 아직 중학교도 졸업 안 했잖아.

속초 a city in Gangwon Province　제대하다 to leave the military

## 연습 3 다음 표를 보고 친구와 대화를 만들어 보세요.

| 가 | 나 |
|---|---|
| 한국에 유학 온 지 일주일이 됐다.<br>4년 후쯤 고향에 돌아갈 예정이다. | 올해 박사 과정에 들어갔다.<br>5년 안에 박사 학위 논문을 쓰고 싶다. |
| 아직 한국어를 잘 못한다.<br>나중에 한국 회사에 취직하고 싶다. | 아직 여자 친구가 없다.<br>박사 논문을 쓴 후에 결혼하고 싶다. |
| 아르바이트를 시작한 지 얼마 안 됐다.<br>돈을 모아서 세계 여행을 갈 생각이다. | 지금 작은 원룸에서 살고 있다.<br>10년 후에 내 집을 지을 계획이다. |
| 한국 요리를 배우기 시작했다.<br>아직 잘 못한다. | 러시아어를 배우기 시작했다.<br>아직 간단한 인사말밖에 못한다. |

## 연습 4 연습 3의 내용을 정리해서 써 보세요.

| 가 | 나 |
|---|---|
| 고향에 돌아가려면 멀었어요. | |
| | |
| | |
| | |

## 문형 연습 Pattern Practice

track 02

### 연 습 1

[ 보기 ] 선생님 (T) 누가 빵을 먹다가 여기 두었지?
학 생 (S) 그거 제가 먹던 빵이에요.

1. T 누가 신문을 보다가 여기 두었지?
   S ______________________________.
2. T 누가 책을 읽다가 여기 두었지?
   S ______________________________.
3. T 누가 그림을 그리다가 여기 두었지?
   S ______________________________.
4. T 누가 종이꽃을 만들다가 여기 두었지?
   S ______________________________.

### 연 습 2

[ 보기 ] 선생님 (T) 왜 그렇게 옷을 많이 입었어요?
학 생 (S) (날씨가 춥다) 날씨가 춥잖아요.

1. T 왜 항상 그 식당에 가요?
   S (싸고 맛있다) ______________________________.
2. T 왜 버스를 안 타고 지하철을 타요?
   S (길이 막히다) ______________________________.
3. T 왜 회의를 시작하지 않아요?
   S (과장님이 안 오셨다) ______________________________.
4. T 왜 이렇게 백화점에 사람이 많아요?
   S (세일 기간이다) ______________________________.

## 연습 3

> [ 보기 ] **선생님** (T) 언제 결혼할 거예요?
> **학 생** (S) (내년) 내년에 할 생각이에요.

1. T 언제 유학을 갈 거예요?

   S (다음 달) ______________________________.

2. T 언제 취직할 거예요?

   S (졸업하자마자) ______________________________.

3. T 아이를 언제 낳을 거예요?

   S (2년 후) ______________________________.

4. T 언제 집들이를 할 거예요?

   S (다음 주) ______________________________.

## 연습 4

> [ 보기 ] **선생님** (T) 언제 결혼할 생각이세요?
> **학 생** (S) 결혼하려면 아직 멀었어요.

1. T 언제 취직할 생각이세요?

   S ______________________________.

2. T 언제 차를 바꿀 생각이세요?

   S ______________________________.

3. T 언제 이사할 계획이세요?

   S ______________________________.

4. T 언제 대학원을 졸업할 예정이세요?

   S ______________________________.

# 11 언제든지 일할 수 있어요

## You can work anytime you like

**어 휘**
- 업무
  Work duties

**문법과 표현**
- V-이/히/리/기/우-(사동)
- A-다면, V-ㄴ다면/는다면, N(이)라면
- 무엇이든(지), 무슨 N(이)든(지)

**문형 연습**

## 어 휘 Vocabulary

**연 습 1** 아르바이트 광고를 보고 궁금한 내용을 질문해 보세요.

**아르바이트 구함**

• 기간 : 3개월

• 월급/기타 : 전화 문의*

남산 카페 02-345-1234

아르바이트, 근무 시간
업무, 시급, 성별, 연령

**연 습 2** 알맞은 것을 골라 문장을 완성하세요.

| | |
|---|---|
| 성실하다 | 꼼꼼하다 |
| 대인 관계가 원만하다 | 최선을 다하다 |
| 보고서 작성을 잘하다 | 이해가 빠르다 |
| 실력이 있다 | 경험이 많다 |

1) 스티븐은 누구하고나 잘 어울린다. ______________ 사람이다.

2) 김 대리는 참 ______________다. 출퇴근 시간도 잘 지키고 맡은 일도 열심히 한다.

3) 서울여행사는 손님 여러분의 편리한 여행을 위해 ______________고 있습니다. 앞으로도 더 나은 여행을 위해 노력하겠습니다.

4) 이 작가는 드라마를 써 본 ______________서 글을 쉽게 잘 쓴다.

5) 어제 쓴 보고서를 다시 한번 ______________게 읽어 보니 틀린 곳이 있었다.

문의 inquiry

## 연 습 3 알맞은 것을 골라 문장을 완성하세요.

| 부장 | 대리 | 과장 | 신입 사원 | 직장 상사 | 동료 | 부하 직원 |
|---|---|---|---|---|---|---|

1) 직장에서 ________________은 회사에 새로 들어온 사람이다.

2) 직장에서 ________________은 부서*에서 가장 높은 사람이다.

3) 직장인들이 좋아하는 ________________는 자기가 해야 할 일을 아랫사람*에게 시키지 않는 사람이다.

4) 직장인들이 좋아하는 ________________는 자기 일이 아니지만 잘 도와주고 언제나 친절한 사람이다.

5) 직장인들이 좋아하는 ________________은 이해가 빠르고 맡은 일에 최선을 다하는 사람이다.

## 연 습 4 알맞은 것을 골라 문장을 완성하세요.

| 대기업 | 중소기업 | 연봉이 높다 | 승진 기회가 많다 |
|---|---|---|---|
| 출퇴근 시간이 자유롭다 | 휴가가 길다 | | |

1) 우리 회사는 ____________________서 좋아요. 원하는 시간에 출근하고 퇴근할 수 있어요.

2) 대리에서 과장이 되는 건 어렵지 않은데 과장에서 부장이 되는 건 어려워요. ____________________지 않기 때문에 그래요.

3) 저는 나중에 삼성이나 LG 같은 ____________________에 취직하고 싶어요.

4) 우리 회사는 일 년에 한 번이지만 ____________________서 해외여행도 갈 수 있어요.

5) 대기업 CEO, 국회 의원*, 유명 운동선수들은 돈을 많이 벌어요. ____________________요.

부서 department　아랫사람 one's subordinate　국회 의원 National Assembly member

# 문법과 표현 Grammar and Expression

## 1. V-이/히/리/기/우-(사동)

**연 습 1** 다음과 같이 쓰세요.

| | | | |
|---|---|---|---|
| 1) 벗다 | 벗기다 | 2) 돌다 | |
| 3) 죽다 | | 4) 살다 | |
| 5) 맞다 | | 6) 자다 | |
| 7) 입다 | | 8) 붙다 | |
| 9) 앉다 | | 10) 먹다 | |
| 11) 끓다 | | 12) 보다 | |
| 13) 서다 | | 14) 웃다 | |
| 15) 신다 | | 16) 알다 | |
| 17) 눕다 | | 18) 맡다 | |
| 19) 타다 | | 20) 쓰다 | |
| 21) 깨다 | | 22) 울다 | |



**연 습 2** 알맞은 동사를 넣어 문장을 완성하세요.

1) 그 환자는 팔을 쓰지 못해서 간호사가 음식을 먹여 줍니다.

2) 이 드라마는 너무 재미없네요. 다른 채널로 ________________도 돼요?

3) 그 사람은 유명한 의사예요. 다 죽어 가는 사람도 ________________.

4) 그 사람은 믿을 수가 없어요. 그 사람에게 돈을 ________________면 안 돼요.

5) 아이가 자고 싶은가 봐요. 아이를 좀 ________________ 주시겠어요?

6) 강도*가 사람을 ________________고 도망가서 경찰이 쫓고 있대요.

7) 앞에 자리가 많으니까 학생들을 앞자리에 ________________ 주세요.

8) 여기서 아기가 큰 소리로 울면 곤란해요. 아기를 ________________지 마세요.

9) 차를 맛있게 ________________다고 들었어요. 한 잔 마실 수 있을까요?

10) 아이가 소파에서 잠이 들었네요. 불편해 보이니까 침대에 ________________세요.

강도 robber

## 연습 3 [보기]와 같이 틀린 곳을 맞게 고치세요.

[ 보기 ] 친구가 설악산에서 찍은 사진을 나에게 보아 주었어요.
보여

1) 샤오밍이 오늘 교실에서 아주 웃는 말을 했어.

2) 내가 철수한테 가방을 맡았는데 철수가 그 가방을 잃어버렸어.

3) 엄마, 제가 내일 아침 일찍 못 일어나면 꼭 깨 주세요.

4) 손님, 차를 어디에서 서 드릴까요?

5) 비가 와서 그러는데 지하철역까지만 우산 좀 써 주시겠어요?

6) 정우야, 출출한데 우리 라면이나 끓어 먹을까?

7) 텔레비전에서 사람들이 소를 죽는 것을 봤는데 무서웠어요.

8) 히엔 씨, 상을 타면 누구에게 제일 먼저 알고 싶어요?

9) 조카를 의자에 앉고 머리를 깎아 주었어요.

10) 아이에게 운동화를 신어 주지 마세요. 혼자 해 보라고 하세요.

## 연 습 4 [보기]와 같이 대화를 완성하세요.

> **[ 보기 ]** A : 집이 엉망이네. 청소기 좀 돌려야겠다.
> B : 지금은 안 돼요. 아기를 재워야 하거든요.

1) A : 민수 씨, 왜 그래요? 무슨 일 있어요?
   B : 조금 전에 청첩장을 부치면서 깜빡 잊고 우표를 안 ____________요.

2) A : 스티븐 씨는 어렸을 때 어떤 아이였어요?
   B : 저는 장난이 심해서 어머니께 많이 혼났어요. 동생을 자주 ____________거든요.

3) A : 아키라 씨가 이번 승진 시험에서 떨어졌대요.
   B : 그래요? 속상하겠네요. 좋은 소식은 아니니까 다른 사람에게는 ____________지 맙시다.

4) A : 나 좀 나갔다 올게.
   B : 그럼 나갈 때 이 코트 좀 세탁소에 ____________줘. 드라이클리닝 해야 하거든.

## 연 습 5 [보기]와 같이 그림을 보고 문장을 완성하세요.

| 빗기다* | 태우다 | 살리다 | 씌우다 | 세우다 |
|---|---|---|---|---|

**[ 보기 ]**

아이 머리가 엉망이네요. 머리를 좀 빗겨 주세요.

1) 

________________________. 저는 수영을 못해요.

2) 

횡단보도 앞에서 ________________________.

3) 

지하철역까지 좀 ________________________.

4) 

비가 올 줄 모르고 우산을 안 가져왔어요.
버스 정류장까지 우산 좀 ________________________.

빗기다 to comb (hair)

## 연 습 6 다음 일기를 읽으면서 빈칸에 알맞은 단어를 써넣으세요.

| 재우다 | 맡기다 | 끓이다 | 씻기다 | 울리다 | 씌우다 |
|---|---|---|---|---|---|
| 입히다 | 태우다 | 맞히다 | 먹이다 | 깨우다 | 눕히다 |

**5월 27일 수요일**

오늘은 하루 종일 4살짜리 조카 유나를 보면서 시간을 보냈다. 회사에 다니는 언니는 보통 출근할 때 유나를 어린이집에 1) __________는데 오늘은 유나가 감기에 걸려서 어린이집에 갈 수 없었기 때문이다.

아침에 언니 집에 갔을 때 유나는 아직 자고 있었다. 언니는 나에게 유나를 병원에 데리고 가 달라고 부탁을 하고 출근했다. 언니가 출근한 후 유나를 2) __________서 옷을 3) __________다. 유나는 입맛이 없어서* 밥을 안 먹으려고 했지만 약을 4) __________야 해서 언니가 5) __________ 놓은 죽*을 조금 먹였다.

병원에 데려가려고 열 시쯤 집을 나왔는데 비가 오기 시작했다. 유나에게 우산을 6) __________고 택시를 기다렸다. 마침 택시가 한 대 와서 유나를 7) __________고 병원으로 가서 주사를 8) __________. 주사를 맞고 유나가 많이 울었기 때문에 내가 유나를 9) __________ 것 같아 미안했다. 하지만 주사를 맞고 나서 열이 좀 내렸다.

집으로 돌아와서 유나의 손을 깨끗이 10) __________고 점심과 과일을 줬더니 잘 먹었다. 그러고 나서 그림책을 보면서 조금 놀더니 자고 싶다고 했다. 나는 유나를 침대에 11) __________고 자장가를 부르면서 12) __________다.

입맛이 없다 to feel like not eating　죽 Korean porridge

## 2. A-다면, V-ㄴ다면/는다면, N(이)라면

**연 습 1** [보기]와 같이 대화를 완성하세요.

> **[ 보기 ]** (날씨가 좋다)
> A : 주말에 뭐 할 거예요?
> B : 일기 예보에서는 비가 온다고 했지만 만약에 <u>날씨가 좋다면</u> 가까운 공원으로 소풍 가고 싶어요.

1) (구두가 조금이라도 불편하다)
A : 지금 방송하는 구두를 주문하고 싶은데요. 발이 아프지는 않을까요?
B : 만약에 ______________________ 반품해 드리겠습니다.

2) (합격하다)
A : 내일 방송국에 면접 보러 간다고 들었어요. 잘하고 오세요.
B : 고마워요. 만약에 ______________________ 제가 한턱낼게요.

3) (문제가 생기다)
A : 이걸로 주세요. 금방 고장이 나지는 않겠지요?
B : 그럼요. 만약 ______________________ 바로* 환불해 드릴 테니까 가지고 오세요.

4) (한국 사람처럼 한국말을 잘하게 되다)
A : 만약 ______________________ 뭘 하고 싶어요?
B : 한국말로 잠꼬대를 해 보고 싶어요.

5) (한국에 오지 않았다)
A : 만일에 ______________________ 뭘 했을 것 같아요?
B : 고향에서 회사에 다녔을 거예요.

6) (친구에게 선물받은 복권이 당첨됐다)
A : 만일 ______________________ 어떻게 할 거예요?
B : 친구와 똑같이 나누겠어요.

7) (내가 너이다)
A : 룸메이트하고 싸워서 요즘 서로 말도 안 해.
B : ______________________ 먼저 사과했을 거야.

8) (그 꿈이 사실이다)
A : 어젯밤에 백만장자*가 되는 꿈을 꾸었어요.
B : ______________________ 뭘 하고 싶어요?

바로 immediately　백만장자 millionaire

## 연 습 2 [보기]와 같이 문장을 만드세요.

[ 보기 ] 내가 대통령이 되다
→ 만일 내가 대통령이 된다면 휴일을 더 많이 만들 것이다.

1) 휴대 전화가 없다
→ ______________________.

2) 100년 전으로 돌아가다
→ ______________________.

3) 오늘이 12월 31일이다
→ ______________________.

4) 내가 투명 인간*이다
→ ______________________.

## 연 습 3 [보기]와 같이 문장을 완성하세요.

[ 보기 ] 만약 길에서 나하고 똑같이 생긴 사람을 만난다면 깜짝 놀랄 거예요.

1) ______________________ 깜짝 놀랄 거예요.

2) ______________________ 정말 불편할 거예요.

3) ______________________ 너무너무 행복할 거예요.

4) ______________________ 창피해서 죽고 싶을 거예요.

5) ______________________ 그 친구를 다시는 안 만날 거예요.

*투명 인간 invisible man

## 3. 무엇이든(지), 무슨 N(이)든(지)

**연 습 1** [보기]와 같이 대화를 완성하세요.

> **[ 보기 ]** A : 길이 많이 복잡하네요.
> B : 네, 주말에는 어디든지 차가 막혀요.

1) A : 이 편의점은 낮에만 문을 열어요?
   B : 아니요. 24시간 문을 열어서 ________________ 필요한 물건을 살 수 있어요.

2) A : 이 학교 학생만 도서관을 이용할 수 있어요?
   B : 아니요, ________________ 다 이용할 수 있어요.

3) A : 집 근처 슈퍼마켓이 문을 닫아서 장을 못 봤어요.
   B : 연휴잖아요. 연휴에는 ________________ 다 문을 닫아요.

4) A : 저도 한국 요리를 배워 보고 싶어요.
   B : 필요하면 이야기하세요. 제가 ________________ 가르쳐 줄게요.

5) A : 이 과자는 여기에서만 살 수 있어요?
   B : 아니요, ________________ 다 살 수 있어요.



**연 습 2** [보기]와 같이 대화를 완성하세요.

> **[ 보기 ]** A : 다른 식당에 가야겠네요. 여기는 사람이 너무 많아요.
> B : 그냥 기다리는 게 어때요? 점심시간이라서 어느 식당이든지 기다려야 할 거예요.

1) A : 심심한데 음악이라도 들을까요? 어떤 음악 좋아해요?
   B : 저는 ________________ 다 좋아요.

2) A : 어떤 영화를 볼까?
   B : 난 ________________ 다 괜찮으니까 네가 골라.

3) A : 여기는 무슨 음식이 맛있대?
   B : 이 식당은 ________________ 다 맛있으니까 너무 고민하지 마.

4) A : 민수 씨 생일날 주려고 휴대폰 케이스*를 샀는데 민수 씨가 좋아할까요?
   B : 그럼요. 보라 씨가 주는 선물은 ________________ 다 좋아할 거예요.

케이스 case

**연 습 3** 빈칸에 알맞은 말을 넣어 문장을 완성하세요.

**아르바이트생 모집**

- 건강하고 성실한 분이라면 1) __________ 환영합니다.
- 만약에 일하고 싶다면 아래 번호로 2) __________ 전화해 주세요.

* 연락처 : 012-000-0000

* 31가지 맛 아이스크림 가게

**카페 직원 구함**

- 가족 같은 분위기에서 일하고 싶은 분은 3) __________ 환영합니다.
- 만약에 저희 가게에서 일하게 된다면 맛있는 커피와 케이크를 4) __________ 드실 수 있습니다.

* 카페는 홍대 근처에 있습니다.

**아름다운사진관**

- 사진이 필요하시면 전화해 주세요.
- 집, 학교, 회사 등 5) __________ 달려가서 찍어 드립니다.

* 연락처 : 013-000-0000

**지나미용실**

- 파마 머리, 염색 머리, 긴 머리, 짧은 머리 등 6) __________ 다 자신 있습니다. 여러분의 많은 이용 바랍니다.

* 저희 미용실은 명동역에 있습니다.

**연 습 4** 빈칸에 알맞은 말을 넣어 광고를 완성하세요.

## 사랑여행사

추운 겨울을 가족들과 따뜻한 나라에서 지내보는 건 어떠세요?
사랑여행사가 도와드리겠습니다.

사랑여행사와 함께하시면…….

- 봄과 여름 그리고 가을과 겨울 1) __________ 즐거운 여행을 하실 수 있습니다.
- 2) __________ 원하는 날짜에 출발하실 수 있습니다.
- 가이드와 함께 3) __________ 원하는 곳을 여행할 수 있습니다.
- 호텔 레스토랑에서 한식, 일식, 중식 등 먹고 싶은 음식을 4) __________ 다 드실 수 있습니다.
- 만약에 조금 더 길게 여행을 하고 싶으시다면 5) __________ 전화해 주세요. 여행 일정을 바꾸실 수 있습니다.

* 저희 사랑여행사는 여러분의 편안하고 즐거운 여행을 위해서 항상 최선을 다하고 있습니다.

## 문형 연습 Pattern Practice

track 03

### 연 습 1

[ 보기 ] 선생님 (T) 아이가 혼자 신발을 신었어요?
학　생 (S) 아뇨, 제가 신겨 주었어요.

1. T 아이가 혼자 옷을 벗었어요?
   S ______________________________.
2. T 아이가 혼자 밥을 먹었어요?
   S ______________________________.
3. T 아이가 혼자 차에 탔어요?
   S ______________________________.
4. T 아이가 혼자 의자에 앉았어요?
   S ______________________________.



### 연 습 2

[ 보기 ] 선생님 (T) 이 모자를 누가 쓰면 예쁠까요?
학　생 (S) (우리 아기) 우리 아기에게 씌우면 예쁠 것 같아요.

1. T 이 옷을 누가 입으면 어울릴까요?
   S (내 동생) ______________________________.
2. T 이 구두를 누가 신으면 잘 맞을까요?
   S (제 조카) ______________________________.
3. T 이 일을 누가 맡으면 좋을까요?
   S (민수 씨) ______________________________.
4. T 이 소식을 누가 알면 제일 기뻐할까요?
   S (부모님) ______________________________.

## 연습 3

> **[보기]** **선생님** (T) 내일 비가 온다고 하는데 공연을 할까요?
> **학　생** (S) (공연이 취소되다) 만약에 내일 비가 온다면 공연이 취소될 거예요.

1. T 내일 모임에 늦게 가도 될까요?

   S (사장님이 화를 내시다) ______________________________.

2. T 이번에 스티븐 씨 생일 파티를 해 줄까요?

   S (스티븐이 좋아하다) ______________________________.

3. T 여자 친구와 싸웠는데 제가 먼저 사과할까요?

   S (여자 친구도 이해해 주다) ______________________________.

4. T 지갑을 지하철에 놓고 내렸는데 어떡하죠?

   S (분실물 센터에 있다) ______________________________.

## 연습 4

> **[보기]** **선생님** (T) 이번 주말에 어디에 갈까요?
> **학　생** (S) 저는 어디든지 다 괜찮아요.

1. T 언제 전화할까요?

   S 저는 ______________________________.

2. T 어떤 사람을 소개해 줄까요?

   S 저는 ______________________________.

3. T 이번 생일에 무슨 선물을 받고 싶어요?

   S 저는 ______________________________.

4. T 무슨 음식을 드릴까요?

   S 저는 ______________________________.

# 12 운동을 했더니 몸이 좋아졌어요
## I exercised, and my body became better

| | |
|---|---|
| **어 휘** | • 운동, 몸의 상태<br>Exercise, body condition |
| **문법과 표현** | • V–았더니/었더니<br>• 얼마나 A–(으)ㄴ지/V–는지 모르다<br>• A–(으)ㄴ 모양이다, V–는 모양이다, N인 모양이다<br>• A/V–아야/어야, N이어야/여야 |
| **문형 연습** | |

## 어 휘 Vocabulary

**연 습 1** 알맞은 단어를 고르세요.

1) 매일 스트레칭*을 하면 ( 자세가 / 힘이 ) 좋아져요.

2) 팔굽혀펴기*를 열심히 하면 팔 힘이 ( 세질 거예요 / 무거워질 거예요 ).

3) 줄넘기*를 매일 해서 살이 ( 빠졌어요 / 쪘어요 ).

4) 어제는 너무 피곤했는데 푹 자고* 나니까 ( 몸이 / 살이 ) 가벼워졌어요.

**연 습 2** 알맞은 말을 골라 문장을 완성하세요.

| 뻗다 | 펴다 | 굽히다 | 대다 |
|---|---|---|---|
| 벌리다 | 돌리다 | 젖히다 | 들다 |

1) 

학교에서 돌아오면 어머니가 항상 두 팔을 __________고 꼭 안아 주셨어요. 저는 그때가 제일 행복했어요.

2) 

컴퓨터를 오래 해서 목이 아플 때에는 목을 아래위로 움직이거나 왼쪽, 오른쪽으로 천천히 __________는 운동을 하면 좋습니다.

3) 

회사 면접을 볼 때 자세가 나쁘면 좋은 인상*을 주기 어려워요. 그러니까 가슴을 __________고 똑바로 앉아서 질문에 대답해야 해요.

4) 

말하기 대회에 나가고 싶은 사람은 손을 __________어 보세요.

5) 

눈이 피곤할 때는 고개를 뒤로 __________고 하늘을 보면서 눈을 위, 아래, 왼쪽, 오른쪽으로 움직이는 운동을 하면 좋아요.

스트레칭 stretch　팔굽혀펴기 push up　줄넘기 jump rope　푹 자다 sleep well　인상 impression

**연 습 3** 자신의 몸 상태에 √ 한 후 건강을 확인해 보세요.

## 당신의 건강은 어떻습니까?

- ☐ 요즘 입맛이 없다.
- ☐ 자세가 나쁘다는 말을 자주 듣는다.
- ☐ 빨리 걷기가 힘들다.
- ☐ 가끔 이유 없이 머리가 아프다.
- ☐ 아침에 일어나면 몸이 무겁다.
- ☐ 일을 할 때 빨리 지친다.
- ☐ 최근에 갑자기 살이 많이 빠졌다.
- ☐ 덥지 않은데도 땀이 난다.
- ☐ 잠을 잘 때 자주 쥐가 난다.
- ☐ 별일 아닌데도 화를 내고 참지 못한다.
- ☐ 잠을 깊이 못 잔다.
- ☐ 몸을 움직이는 게 귀찮다.
- ☐ 가끔 숨쉬기가 힘들고 가슴이 답답하다.
- ☐ 전보다 힘이 많이 약해졌다.
- ☐ 많이 먹지 않는데도 계속 살이 찐다.
- ☐ 조금만 움직여도 숨이 찬다.
- ☐ 운동을 하지 않는다.

| 매우 건강합니다. | 건강한 편입니다. | 건강에 문제가 없지만 주의해야* 합니다. | 건강에 문제가 있습니다. | 의사와의 상담이 필요합니다. |
|---|---|---|---|---|
| 0~1 | 2~4 | 5~8 | 9~12 | 12~16 |

*주의하다 to pay attention

# 문법과 표현 Grammar and Expression

## 1. V-았더니/었더니

**연 습 1** [보기]와 같이 문장을 만드세요.

[보기] 오랜만에 집에 전화를 했어요. 어머니가 좋아하셨어요.
→ 오랜만에 집에 전화를 했더니 어머니가 좋아하셨어요.

1) 도서관에 늦게 갔어요. 시험 기간이라서 자리가 없었어요.
→ ______________________.

2) 낮에 커피를 다섯 잔이나 마셨어요. 잠이 안 와요.
→ ______________________.

3) 매일 윗몸 일으키기를 했어요. 근육이 생겼어요.
→ ______________________.

4) 보고서 쓰는 것을 도와주었어요. 동료가 오늘 점심을 사 주었어요.
→ ______________________.

**연 습 2** [보기]와 같이 대화를 완성하세요.

[보기] A : 오늘 좀 피곤해 보이네요.
B : 어제 새벽까지 공부를 했더니 피곤하네요.

1) A : 왜 이렇게 기운이 없어요?
B : ______________________ 기운이 없네요.

2) A : 요즘 몸이 좋아 보여요.
B : ______________________ 몸이 좋아졌어요.

3) A : 감기가 심했잖아요. 이제 다 나았어요?
B : 네, ______________________ 괜찮아졌어요.

4) A : 왜 그러세요? 다리 아프세요?
B : 네, ______________________ 다리에 쥐가 났어요.

## 연 습 3 [보기]와 같이 문장을 완성하세요.

[ 보기 ] 운동을 꾸준히 했더니 <u>건강해졌어요</u>.

1) 밥을 안 먹었더니 ______________________________.

2) 컴퓨터를 오래 했더니 ______________________________.

3) 오랜만에 친구를 만났더니 ______________________________.

4) 동대문시장에 갔더니 ______________________________.

## 연 습 4 알맞은 것을 골라 [보기]와 같이 문장을 완성하세요.

[ 보기 ] 요가 수업에 안 ( 가더니 / (갔더니) ) 왜 안 왔느냐고 전화가 왔어요.

1) 히엔 씨가 처음에는 매운 음식을 ( 못 먹더니 / 못 먹었더니 ) 요즘에는 거의 매일 매운 음식을 먹는 것 같아요.

2) 친구 생일 파티에 ( 가더니 / 갔더니 ) 선생님도 오셨던데요.

3) 친구가 열심히 ( 공부하더니 / 공부했더니 ) 시험에 합격했어요.

4) 어버이날에 부모님께 건강식품을 ( 선물하더니 / 선물했더니 ) 부모님이 친구 분들에게 자랑을 하셨어요.

5) 운동 후에 찬 음료수를 ( 마시더니 / 마셨더니 ) 머리가 아파요.

## 2. 얼마나 A-(으)ㄴ지/V-는지 모르다

**연 습 1** [보기]와 같이 문장을 만드세요.

> [보기] (제주도 / 아름답다)
> 제주도가 얼마나 아름다운지 몰라요.

1) (한국 음식 / 맛있다)

______________________________.

2) (가족 / 그립다*)

______________________________.

3) (회사 일 / 많다)

______________________________.

4) (서울 / 물가가 비싸다)

______________________________.

**연 습 2** [보기]와 같이 대화를 완성하세요.

> [보기] 장마철*이라서 이번 달 내내 비가 오네요.
> → 네. 얼마나 자주 오는지 몰라요.

1) 퇴근 시간에는 항상 길이 막혀요?
→ 그럼요. ______________________________.

2) 아이가 책을 많이 읽네요.
→ 네. ______________________________.

3) 씨름 선수들은 정말 많이 먹는 것 같아요.
→ 네. ______________________________.

4) 학생들이 공부를 열심히 한다고 들었어요.
→ 네. ______________________________.

그립다 to miss; long for 장마철 rainy season

## 연 습 3 [보기]와 같이 대화를 완성하세요.

[ 보기 ]
A : 건강을 위해서 운동을 좀 하고 싶은데 어떤 운동이 좋을까요?
B : 달리기를 한번 해 보세요. 달리기가 건강에 얼마나 좋은데요.

1) A : 건강해지고 싶은데 어떤 음식을 먹으면 좋을까요?
B : ______________________________.

2) A : 자세를 교정하고 싶은데요. 어떻게 하면 좋을까요?
B : ______________________________.

3) A : 서울에서 쇼핑하기 좋은 곳을 알면 좀 소개해 주세요.
B : ______________________________.

4) A : 고향에 돌아갈 때 선물을 사 가고 싶은데 무슨 선물이 좋을까요?
B : ______________________________.

## 연 습 4 친구에게 고향을 소개하는 글을 써 보세요.

제 고향은 1) ______________ 입니다.
만약에 제 고향에 간다면 꼭 가 봐야 할 곳은 2) ______________ 입니다. 그곳이 얼마나 3) ______________ 지 모릅니다.
그리고 꼭 먹어 봐야 할 음식은 4) ______________ 입니다. 얼마나 5) ______________.
마지막으로 꼭 해 봐야 할 것은 6) ______________ ______________.
7) ______________ ______________.

## 3. A-(으)ㄴ 모양이다, V-는 모양이다, N인 모양이다

**연 습 1** [보기]와 같이 대화를 완성하세요.

[ 보기 ] A : 길이 정말 많이 막히네요.
B : 네, 막히는 시간이 아닌데 교통사고가 난 모양이에요.
(교통사고가 났다)

1) A : 저 식당 좀 보세요. 손님이 식당 밖까지 줄을 서 있어요.
B : 점심시간도 아닌데 ______________________.
(음식이 정말 맛있다)

2) A : 여의도역에서 사람들이 모두 내리는데요.
B : 오늘 한강공원에서 ______________________.
(불꽃놀이를 하다)

3) A : 교실 밖이 왜 이렇게 시끄럽지요?
B : 축제 기간이어서 ______________________.
(공연을 하다)

4) A : 회사 앞에 있던 꽃 가게가 없어졌네요.
B : 손님이 없어서 ______________________.
(문을 닫았다*)

**연 습 2** [보기]와 같이 대화를 완성하세요.

[ 보기 ] A : 유진 씨가 오늘 많이 늦네요.
B : 지금까지 안 오는 걸 보니 늦게 일어난 모양이에요.
(지금까지 안 오다 / 늦게 일어나다)

1) A : 아키라 씨가 요즘 기분이 좋은 것 같은데 왜 그런지 아세요?
B : ______________________.
(기분이 좋다 / 여자 친구가 한국에 놀러 오다)

2) A : 친구들이 아직 아무도 안 왔네요.
B : ______________________.
(친구들이 늦다 / 길이 막히다)

3) A : 알리 씨한테 무슨 일 있어요? 어제부터 전화를 안 받아요.
B : ______________________.
(전화가 안 되다 / 고향에 가다)

4) A : 도서관에 사람이 정말 많네요.
B : ______________________.
(빈자리*가 없다 / 시험 기간이다)

(가게)문을 닫다 to shut the door; close (store)  빈자리 empty seat

**연 습 3** 알맞은 그림을 연결하고 [보기]와 같이 문장을 만드세요.

[ 보기 ] 바람이 많이 불다 •　　　• 

1) 옷 가게에 사람이 많다 •　　　• 

2) 스티븐이 학교에 안 오다 •　　　• 

3) 하늘이 흐려지다 •　　　• 

4) 노래를 잘 부르다 •　　　• 

[ 보기 ] 바람이 많이 부는 걸 보니 날씨가 추워질 모양이다.

1) ______________________________.

2) ______________________________.

3) ______________________________.

4) ______________________________.

**연 습 4** [보기]와 같이 대화를 완성하세요.

[ 보기 ] A : 과장님께서 많이 편찮으신 모양입니다. 오늘도 회사에 못 나오신다고 하네요.
B : 빨리 나오셔야 할 텐데 정말 걱정이네요.

1) A : 내일 아침에도 ______________________________.
B : 그럼 길이 많이 미끄럽겠네요. 지하철로 출근해야겠어요.

2) A : 요즘 ______________________________. 우리 반에 아파서 결석한 친구가 세 명이나 돼요.
B : 지금이라도 독감* 예방 주사를 맞아야겠어요.

3) A : 맛있는 냄새가 나는 걸 보니 ______________________________.
B : 그럼 식탁*으로 자리를 옮길까요?

독감 flu　식탁 table

## 4. A/V-아야/어야, N이어야/여야

**연 습 1** [보기]와 같이 대화를 완성하세요.

> **[ 보기 ]**
> A : 예매하지 않아도 영화를 볼 수 있겠지요?
> B : 아니요, 주말이라서 예매해야 볼 수 있을 거예요.

1) A : 날씨가 나빠도 캠핑*을 할 수 있겠지요?
   B : 아니요, ______________________________.

2) A : 한국어를 할 줄 몰라도 그 회사에 취직할 수 있겠지요?
   B : 아니요, ______________________________.

3) A : 6시에 출발해도 약속 시간에 늦지 않겠지요?
   B : 퇴근 시간이라서 6시 전에 ______________________________.

4) A : 예약하지 않아도 머리를 할 수 있겠지요?
   B : 요즘 손님이 많아서 ______________________________.

**연 습 2** [보기]와 같이 대화를 완성하세요.

> **[ 보기 ]**
> A : 중학생인데 이 영화를 볼 수 있나요? (19세 이상*)
> B : 아니요, 19세 이상이어야 이 영화를 볼 수 있습니다.

1) A : 누구든지 여기에서 운동을 배울 수 있나요? (이 학교 학생)
   B : 아니요, ______________________________.

2) A : 고등학생도 선거*에 참여할 수 있나요? (성인)
   B : 아니요, ______________________________.

3) A : 이 운동기구를 제가 사용할 수 있을까요? (중급자* 이상)
   B : 아니요, ______________________________.

4) A : 여기에서 스키를 타도 될까요? (7세 미만)
   B : 아니요, ______________________________.

캠핑 camping  이상 above (certain age/level)  선거 election  중급자 mid-level (person)

## 연 습 3 빈칸에 알맞은 말을 넣어 다음 안내문을 완성하세요.

**서울병원**

- 외출 후에 손을 1) ____________ 감기를 예방할* 수 있습니다.
- 음식을 익혀서* 2) ____________ 건강을 지킬 수 있습니다.

**코레일**

- 이제 곧 추석입니다. 추석 한 달 전에 표를 3) ____________ 기차표를 사실 수 있습니다.

**한국홈쇼핑**

- 인터넷으로 4) ____________ 10% 할인을 받으실 수 있습니다.
- 12시 전까지 5) ____________ 저녁에 배송됩니다.

**인천공항**

- 요즘 공항이 매우 붐빕니다. 3시간 전에는 공항에 6) ____________ 여유 있게 출발하실 수 있습니다.

## 연 습 4 다음 글을 읽고 빈칸에 알맞은 말을 넣으세요.

검색 상세

보내기 | 임시 저장 | 미리 보기

받는 사람 마리코〈mariko@snu.ac.kr〉

편지지 서식

언니, 저 나나예요. 이메일 잘 받았어요.
언니가 중국에 놀러 오게 돼서 정말 기뻐요.

요즘 여기는 굉장히 추워요. 따뜻한 옷을 1) ____________ 감기에 걸리지 않을 거예요. 그리고 기차표는 한국에서 미리 예매하는 게 좋겠어요.
한국 여행사에서 2) ____________ 할인을 받을 수 있거든요.
또 많이 걸어야 하니까 짐이 많으면 힘들 거예요.
짐이 3) ____________ 편하게 여행할 수 있을 거예요.
참, 비행기 표는 예약했어요? 그때가 마침 연휴라서 비행기 표를 일찍 4) ____________ 올 수 있을 거예요.
그럼 또 연락할게요.

나나가.

보내기 | 임시 저장 | 미리 보기

예방하다 to prevent 익히다 to cook; boil

## 문형 연습 Pattern Practice

track 04

### 연 습 1

[ 보기 ] 선생님 (T) 유진 씨가 화를 냈어요?
학 생 (S) (약속 시간에 늦게 가다)
네, 약속 시간에 늦게 갔더니 화를 냈어요.

1. T 열이 좀 내렸어요?
   S (약을 먹다) 네, ______________________.
2. T 카메라가 고장 났어요?
   S (카메라를 떨어뜨리다) 네, ______________________.
3. T 점심시간인데 배가 안 고파요?
   S (아까 밥을 먹었다) 네, ______________________.
4. T 귀가 아파요?
   S (비행기를 오래 타다) 네, ______________________.



### 연 습 2

[ 보기 ] 선생님 (T) 그 배우가 그렇게 멋있어요?
학 생 (S) 그럼요. 얼마나 멋있는지 몰라요.

1. T 그 드라마가 그렇게 재미있어요?
   S ______________________.
2. T 그 노래가 그렇게 좋아요?
   S ______________________.
3. T 한국어가 그렇게 어려워요?
   S ______________________.
4. T 회사 일이 그렇게 많아요?
   S ______________________.

## 연 습 3

**[ 보기 ]** **선생님** (T) 아키라 씨가 건강해진 것 같아요.
**학 생** (S) (요즘 운동을 하다) 요즘 운동을 하는 모양이에요.

1. T 민수 씨는 아직도 회사에 있대요.
   S (일이 많다) ______________________.
2. T 저 카페에는 항상 사람이 많네요.
   S (값이 싸다) ______________________.
3. T 정우 씨가 전화를 안 받아요.
   S (잠을 자다) ______________________.
4. T 켈리 씨한테 무슨 좋은 일이 있나 봐요.
   S (우등상을 받았다) ______________________.

## 연 습 4

**[ 보기 ]** **선생님** (T) 외국어를 잘하려면 어떻게 해야 해요?
**학 생** (S) (매일 연습하다) 매일 연습해야 잘할 수 있어요.

1. T 건강해지려면 어떻게 해야 해요?
   S (열심히 운동하다) ______________________.
2. T 여행을 싸게 가려면 어떻게 해야 해요?
   S (인터넷으로 예약하다) ______________________.
3. T 좋은 집을 구하려면 어떻게 해야 해요?
   S (집을 많이 보러 다니다) ______________________.
4. T 그 회사에 취직하려면 어떻게 해야 해요?
   S (한국어를 잘하다) ______________________.

# 복습 4

## 어휘와 문법 Vocabulary and Grammar

### 1. 정리하기

#### 어휘

<table>
<tr><td>10과</td><td>소개팅하다<br>첫눈에 반하다<br>사귀다<br>사랑에 빠지다<br>고백하다<br>연애하다<br>선보다<br>청혼하다</td><td>성격[마음]이 잘 맞다<br>조건이 맞다<br>매력이 있다<br>말[생각]이 잘 통하다<br>인상이 좋다<br>마음씨가 착하다</td><td>나란히 앉다<br>얼굴이 빨개지다<br>손을 잡다<br>어깨에 기대다<br>가슴이 두근거리다<br>팔짱을 끼다</td><td>신혼여행<br>중매결혼<br>연애결혼<br>청첩장<br>예식장</td></tr>
<tr><td>11과</td><td>아르바이트<br>근무 시간<br>연령<br>시급<br>업무<br>성별</td><td>성실하다<br>꼼꼼하다<br>경험이 많다<br>실력이 있다<br>이해가 빠르다<br>최선을 다하다<br>보고서 작성을 잘하다<br>대인 관계가 원만하다</td><td>부장<br>과장<br>대리<br>신입 사원<br>직장 상사<br>동료<br>부하 직원</td><td>대기업<br>중소기업<br>연봉이 높다<br>승진 기회가 많다<br>출퇴근 시간이 자유롭다<br>휴가가 길다</td></tr>
<tr><td>12과</td><td>살이 찌다/빠지다<br>힘이 세다/약하다<br>자세가 좋다/나쁘다<br>몸이 무겁다/가볍다</td><td>(목을) 돌리다<br>(가슴을) 펴다<br>(손을 허리에) 대다<br>(다리를) 벌리다<br>(옆구리를) 굽히다<br>(몸을) 젖히다<br>(팔을) 뻗다<br>(발뒤꿈치를) 들다</td><td>숨이 차다<br>땀이 나다<br>쥐가 나다<br>지치다<br>기분이 상쾌하다<br>기운이 나다<br>몸이 좋아지다<br>근육이 생기다</td><td></td></tr>
</table>

# 문법

| | | |
|---|---|---|
| 10과 | A/V-던 | • 방금 전까지 여기에 있**던** 지갑이 없어졌어요. |
| | A/V-잖아요 | • 두꺼운 옷을 입으세요. 바람이 많이 불**잖아요**. |
| | V-(으)ㄹ 생각[계획, 예정]이다 | • 결혼은 박사 과정을 마친 후에 **할 생각이에요**.<br>• 내년 여름에 유럽으로 배낭여행을 **갈 계획이에요**.<br>• 고향에 돌아가면 대학원에 입학**할 예정이에요**. |
| | V-(으)려면 멀었다 | • 일을 다 끝내**려면** 아직 **멀었어요**. |
| 11과 | V-이/히/리/기/우-(사동) | • 간호사가 환자에게 약을 **먹여요**.<br>• 아이에게 따뜻한 옷을 **입히세요**.<br>• 형이 장난이 심해서 동생을 자주 **울려요**.<br>• 미용사가 손님의 머리를 **감겨** 줘요.<br>• 엄마가 안 계실 때는 제가 동생을 **재워요**. |
| | A-다면, V-ㄴ다면/는다면, N(이)라면 | • 만약에 휴대 전화가 없**다면** 하루도 살 수 없을 거예요. |
| | 무엇이든(지), 무슨 N(이)든(지) | • 만약에 이 회사에 합격만 시켜 주신다면 **무슨** 일**이든지** 열심히 하겠습니다. |
| 12과 | V-았더니/었더니 | • 운동을 열심히 **했더니** 몸이 건강해졌어요. |
| | 얼마나 A-(으)ㄴ지/V-는지 모르다 | • 제 남자 친구가 **얼마나** 착**한지 몰라요**. |
| | A-(으)ㄴ 모양이다, V-는 모양이다, N인 모양이다 | • 아이들이 잘 먹는 걸 보니 음식이 입에 맞**는 모양이에요**. |
| | A/V-아야/어야, N이어야/여야 | • 이 시험에 합격**해야** 졸업할 수 있대요. |

## 2. 확인하기

### 어휘 확인

1. 다음 빈칸에 알맞은 말을 찾아 쓰세요.

| 중소기업 | 소개팅을 하다 | 몸이 가벼워지다 | 청혼을 받다 | 부하 직원 |
|---|---|---|---|---|
| 연애결혼 | 직장 상사 | 첫눈에 반하다 | 쥐가 나다 | 대기업 |

1) 저는 ____________에서 일하고 싶어요. 크고 유명한 회사에 다니면 배울 점이 많을 거라고 생각해요.

2) 남자 친구에게서 ____________요. 내년 봄에 결혼하자고 해서 그러자고 했어요.

3) 꾸준히 요가를 했더니 ____________고 자세도 좋아졌어요.

4) 오랜만에 친구들과 축구를 하다가 다리에 ____________요. 운동 전에 준비 운동을 충분히 할걸 그랬어요.

5) 저는 ____________을 했어요. 동아리 모임에서 알게 된 학교 선배와 졸업하자마자 결혼했어요.

6) 새로 들어온 ____________ 때문에 속상해요. 지각을 자주 해서 야단을 쳤는데도 계속 늦게 오고 자꾸 실수를 해요.

2. 다음 빈칸에 공통으로 들어갈 단어는 무엇입니까? 문장에 맞게 쓰세요.

1) □□

가) 저는 팔짱을 ____________는 습관 때문에 어렸을 때 주위 어른들에게 버릇이 없다는 말을 자주 들었어요.

나) 작년에 입었던 셔츠가 꽉 ____________서 입을 수가 없어요. 아무래도 운동을 시작해야겠어요.

2) □□□

가) 운동을 열심히 했더니 복근이 ____________요.

나) 저는 성격이 좋고 얼굴이 잘____________ 남자와 사귀고 싶어요.

3) □□□

가) 거기 119지요? 여기 한강 수영장인데 사람이 물에 ____________요. 빨리 와 주세요.

나) 친한 선배의 결혼식장에서 여자 친구를 처음 만났는데 보자마자 사랑에 ____________요. 말도 잘 통하고 성격도 잘 맞아서 내년에 결혼하려고요.

## 문법 확인

1. 다음에서 적당한 문형을 골라서 대화를 완성해 보세요.

| A/V-던 | A/V-아야/어야, N이어야/여야 | V-(으)려면 멀었다 |
|---|---|---|
| A-다면, V-ㄴ/는다면, N(이)라면 | V-았더니/었더니 | 무슨 N(이)든(지) |

1) A : 왜 그렇게 외국어 공부를 열심히 해요?
   B : ______________________________.

2) A : 지수 씨가 다시 건강해져서 정말 다행이에요. 어떻게 건강을 되찾았어요?
   B : ______________________________.

3) A : 아까부터 뭘 그렇게 찾고 있어요?
   B : ______________________________.

4) A : 지금 1억이 생기면 뭘 하고 싶어요?
   B : ______________________________.

5) A : 집들이에 아키라 씨를 초대했는데 한국 음식을 좋아할까요?
   B : ______________________________.

6) A : 얼마 전에 대기업에 취직했다고 들었어요. 정말 축하해요.
   결혼은 언제쯤 할 계획이에요?
   B : ______________________________.

2. 다음 문장에서 틀린 부분을 찾아 맞게 고쳐 보세요.

1) 어제 먹은 케이크를 냉장고에 넣어 두었으니까 꺼내 드세요.
   → ______________________________.

2) 취직하려면 아직 멀어요. 졸업도 해야 하고 군대도 다녀와야 하니까요.
   → ______________________________.

3) 개가 물에 빠진 주인을 살았어요.
   → ______________________________.

## 3. 평가하기

제한 시간 15분 내 점수 : / 17

**[1–3] 무엇에 대한 이야기입니까? 알맞은 것을 고르십시오.**

1. 방학 동안 햄버거 가게에서 일하기로 했어요.
   ① 직업 ② 회사 ③ 면접 ④ 아르바이트

2. 어깨가 아프면 가슴을 펴고 팔을 쭉 뻗어 보세요.
   ① 줄넘기 ② 달리기 ③ 마라톤 ④ 스트레칭

3. 안녕하십니까? 저는 백송이라고 합니다. 회사 생활이 처음이지만 최선을 다하겠습니다. 잘 부탁드립니다.
   ① 신입 사원 ② 과장 ③ 대리 ④ 부장



**[4–7] 빈칸에 제일 알맞은 것을 고르십시오.**

4. 날씨가 추우니까 아이에게 모자를 (                ).
   ① 써요 ② 쓰세요 ③ 씌우세요 ④ 써야 해요

5. 생선이 우리 몸에 얼마나 (                ).
   ① 좋아요 ② 좋아지는데요 ③ 좋은지 몰라요 ④ 좋은 모양이에요

6. 맛있는 음식을 많이 (                ) 맛있는 요리를 할 수 있대요.
   ① 먹던 ② 먹지만 ③ 먹이고 ④ 먹어 봐야

7. 저는 이번 크리스마스에는 꼭 여자 친구에게 (                ).
   ① 청혼했습니다 ② 청혼할 생각입니다
   ③ 청혼할 모양입니다 ④ 청혼하려면 멀었습니다

**[8–10] 다음 밑줄 친 부분과 바꿀 수 있는 것을 고르십시오.**

8. 비행기 옆자리에 앉아 있던 여자를 보자마자 <u>사랑에 빠졌어요</u>.
   ① 연애를 했어요 ② 손을 잡았어요
   ③ 소개팅을 했어요 ④ 첫눈에 반했어요

9. 제 부모님은 중매결혼을 하셨는데 행복하게 잘 살고 계세요. 그래서 저는 중매결혼도 나쁘지 않다고 생각하는데요.
   ① 늦게 결혼하셨는데　　② 조건이 잘 맞았는데
   ③ 연애결혼을 하셨는데　　④ 선을 보고 결혼하셨는데

10. 회사 생활을 잘하려면 우선 대인 관계가 원만해야 해요.
   ① 성실해야 해요　　② 실력이 있어야 해요
   ③ 최선을 다해야 해요　　④ 사람들과 잘 지내야 해요

**[11-14] 빈칸에 제일 알맞은 것을 고르십시오.**

11. 교통사고로 사람이 다쳐서 지나가던 차를 (　　　　　) 도와 달라고 했어요.
   ① 서　　② 서고
   ③ 세우고　　④ 세웠지만

12. 만약 한국에 (　　　　　) 고향에서 취직했을 거예요.
   ① 왔으면　　② 왔다면
   ③ 안 와서　　④ 오지 않았다면

13. 만약에 이 회사에 합격하게 된다면 (　　　　　) 열심히 하겠습니다.
   ① 누구든지　　② 어디든지
   ③ 무슨 일이든지　　④ 무슨 직업이든지

14. 내가 방금 전까지 (　　　　　) 볼펜이 없어졌어요. 아직 다 못 썼는데…….
   ① 쓸　　② 쓴
   ③ 쓰던　　④ 쓰는

**[15-17] 다음 밑줄 친 부분과 의미가 비슷한 것을 고르십시오.**

15. 한국말을 잘하려면 아직 멀었어요.
   ① 한국말을 아주 잘해요　　② 아직 한국말을 잘 못해요
   ③ 한국말을 잘하고 싶어요　　④ 한국말이 매우 어려워요

16. 저는 대학교를 졸업하자마자 <u>취직할 계획입니다</u>.

① 벌써 취직했습니다 ② 취직할 생각입니다

③ 취직하지 못했습니다 ④ 대학원에 들어갈 예정입니다

17. 서로 이야기하지 않는 걸 보니 두 사람이 <u>헤어진 모양이에요</u>.

① 헤어진 것 같아요 ② 헤어지려고 해요

③ 헤어지지 않았어요 ④ 헤어졌다가 다시 만났어요

## 듣기 Listening

track 05　　내 점수 :　　/ 16

**[1–2]** 잘 듣고 알맞은 그림을 고르십시오.

1. ①

②

③

④

2. ① 직장인들이 싫어하는 회식
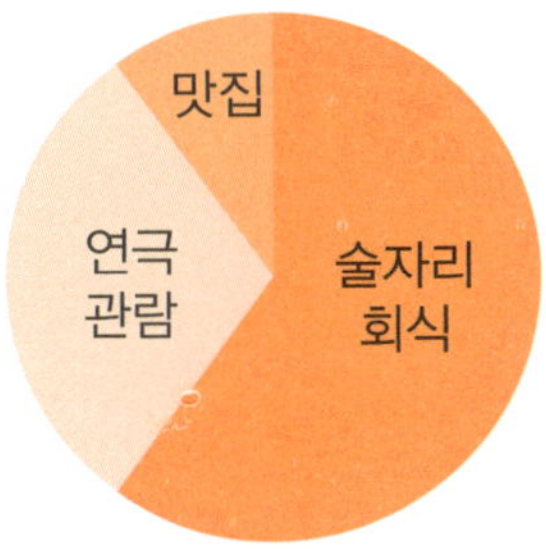


② 직장인들이 싫어하는 회식
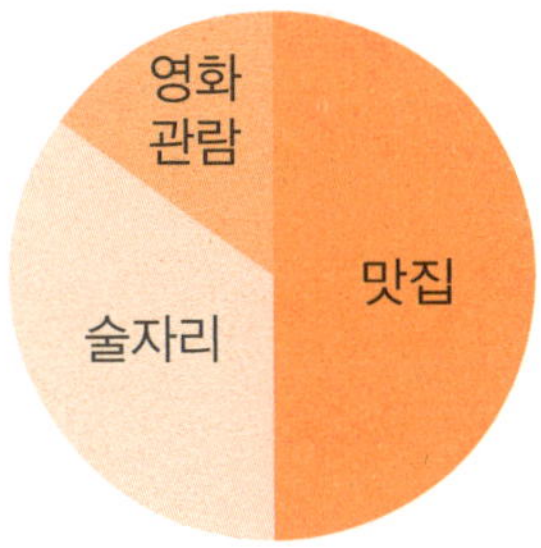


③ 직장인들이 좋아하는 회식
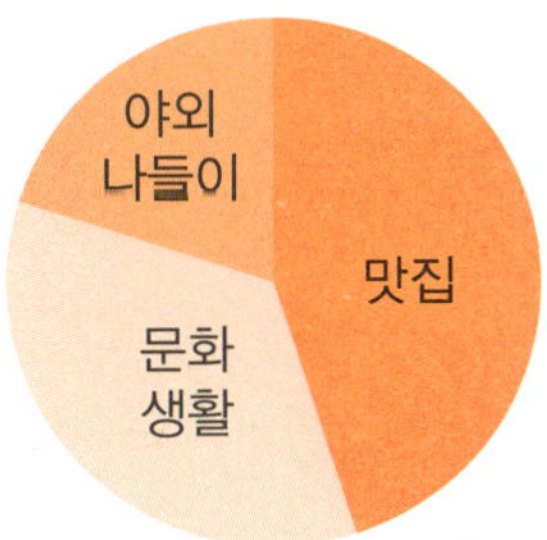


④ 직장인들이 좋아하는 회식
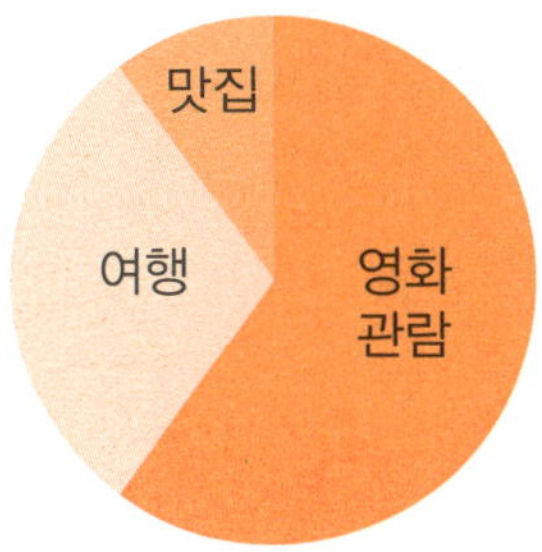

**[3–5] 다음 대화를 잘 듣고 이어질 수 있는 말을 고르십시오.**

3. ① 졸업을 한다고? 축하해.
   ② 외국 회사에 취직할 생각이야.
   ③ 만약에 졸업을 한다면 정말 기쁠 거야.
   ④ 졸업을 하려면 멀었어. 어제 입학했는데…….

4. ① 그럼, 코미디 영화가 얼마나 재미있는데…….
   ② 좋아, 그러자. 우린 역시 생각이 잘 통하는 것 같아.
   ③ 난 무슨 영화든지 다 좋아해. 영화 보는 게 취미거든.
   ④ 만약 영화 보는 게 싫다면 야구 경기 보러 가는 건 어때?

5. ① 맞아요. 끝나려면 멀었는데 빨리 뛰어야지요.
   ② 네, 그럴게요. 너무 빨리 달렸더니 숨이 차네요.
   ③ 하지만 앉아서 쉬었는데도 계속 기운이 없어요.
   ④ 괜찮아요. 오랜만에 운동하니까 정말 기분이 상쾌한데요.

**[6–8] 다음 대화를 잘 듣고 남자가 이어서 할 행동으로 알맞은 것을 고르십시오.**

6. ① 회의 자료를 읽는다.
   ② 회의 자료를 고친다.
   ③ 회의 자료를 복사한다.
   ④ 회의 자료를 번역한다.

7. ① 일자리를 찾는다.
   ② 소개팅 장소로 뛰어간다.
   ③ 조건에 맞는 여자와 선을 본다.
   ④ 소개팅한 여자에게 전화를 한다.

8. ① 보고서를 정리한다.
   ② 스포츠 센터에 간다.
   ③ 건강을 위해서 운동을 한다.
   ④ 회사에 남아서 발표 준비를 한다.

**[9-10] 다음을 듣고 내용과 일치하는 것을 고르십시오.**

9. ① 여자는 수미의 청첩장을 받았다.
② 여자와 남자는 곧 결혼할 예정이다.
③ 여자는 연애보다 결혼이 더 어렵다고 생각한다.
④ 여자는 조건이 안 맞는 남자 친구와 헤어지고 싶다.

10. ① 아이는 산책을 하다가 교통사고를 당했다.
② 아이가 교통사고를 당한 후에 잠을 잘 못 잔다.
③ 아이가 이상한 꿈을 자꾸 꿔서 병원에 데려왔다.
④ 아이가 걷기 운동을 한 후에 몸이 많이 좋아졌다.

**[11-12] 다음을 듣고 남자의 중심 생각을 고르십시오.**

11. ① 조건보다 사랑이 더 중요하다.
② 사랑하는 사람과 결혼하는 것은 좋지 않다.
③ 중매결혼 한 사람들이 더 행복한 결혼 생활을 한다.
④ 연애결혼 한 사람들은 결혼 5년 후에 많이 이혼한다.

12. ① 한국자동차가 대기업이라서 취직하고 싶다.
② 회사를 선택할 때 승진 기회가 제일 중요하다.
③ 만약에 월급을 많이 준다면 그 회사에 취직할 것이다.
④ 돈이나 승진보다 개인의 시간과 취미 생활이 더 중요하다.

**[13-14] 다음을 듣고 물음에 답하십시오.**

13. 남자의 중심 생각으로 맞는 것을 고르십시오.
① 무거운 물건을 혼자 들면 안 된다.
② 집안일을 한 후에는 뭉친 근육을 풀어 줘야 한다.
③ 날씨가 따뜻해지면 청소를 하다가 허리를 다치는 사람들이 많다.
④ 평소에 바른 자세로 일하는 습관을 기르면 허리 건강을 지킬 수 있다.

14. 들은 내용으로 맞는 것을 고르십시오.

① 바닥을 닦을 때는 앉아서 하는 것이 좋다.
② 걷기 운동이나 스트레칭으로 다친 허리를 고칠 수 있다.
③ 봄에는 청소를 하다가 허리를 다치는 사람들이 많다.
④ 물건을 들 때 무릎을 펴고 허리를 굽힌 자세로 들어야 한다.

**[15-16] 다음을 듣고 물음에 답하십시오.**

15. 여자의 중심 생각으로 맞는 것을 고르십시오.

① 꼼꼼한 사람이 직장 생활을 오래 할 수 있다.
② 여성이 은행장이 된 것은 아주 특별한 일이다.
③ 직장 생활을 잘하려면 시키는 일은 무엇이든지 해야 한다.
④ 직장 생활에서 중요한 것은 업무 능력과 원만한 인간관계이다.

16. 들은 내용으로 맞는 것을 고르십시오.

① 여자는 우리나라에서 처음으로 은행장이 되었다.
② 여자는 퇴근 후에도 직장 동료들과 시간을 보낼 때가 많았다.
③ 은행 업무는 여자의 성격에 잘 안 맞았지만 동료들이 좋아서 계속 회사에 다녔다.
④ 여자는 직장 생활과 집안일을 모두 잘하는 것이 힘들어서 직장을 그만둔 적이 있다.

## 읽기와 쓰기 Reading and Writing

제한 시간 20분 내 점수 : / 16

**[1] 다음은 무엇에 대한 글인지 고르십시오.**

* 서울연구소 신제품 개발 계획
홍길동 과장 : 시장 조사, 보고서 작성
김민수 대리 : 제품 디자인
이민호 사원 : 자료 정리

① 연봉 ② 연령 ③ 근무 시간 ④ 업무

**[2] 다음 밑줄 친 부분과 의미가 비슷한 것을 고르십시오.**

7년 전 그 사람과 처음 만났다. 우리가 <u>사귄 지</u> 오래 되었지만 아직도 가슴이 두근거린다.

① 안 지 ② 중매한 지 ③ 연애한 지 ④ 청혼한 지

**[3] 다음 글의 내용과 같은 것을 고르십시오.**

3년째 취업 준비를 하고 있는 손호민 씨의 꿈은 원래 농구 선수가 되는 것이었다. 교통사고로 다리를 다쳐 그 꿈을 포기해야 했지만 그는 휠체어 농구단에 가입하여 세계 휠체어 농구 대회에 참가하기도 했다. 전공 공부도 열심히 해서 컴퓨터 수리 기사 자격증도 땄다. 그는 다리는 좀 불편하지만 몸과 마음이 건강한 실력 있는 젊은이이다. 만약 취직이 된다면 최선을 다해 맡은 일을 하겠다고 자신 있게 말하는 손호민 씨. 더 많은 회사들이 그와 같은 장애인들에게 관심을 가지고 일할 기회를 주기 바란다.

① 손호민 씨는 농구가 힘들어서 회사에 취직하기로 했다.
② 손호민 씨는 운동선수가 되기 위해 최선을 다할 것이다.
③ 손호민 씨는 취직을 하고 싶어서 준비하고 있지만 취업이 쉽지 않다.
④ 요즘 많은 회사들이 장애인들에게 관심을 가지고 일할 기회를 더 주고 있다.

**[4]** **다음을 읽고 순서대로 맞게 나열한 것을 고르십시오.**

> **<운동할 때 지켜야 할 것>**
>
> (가) 준비 운동을 하지 않고 갑자기 운동을 하면 다치기 쉽고 근육이 뭉쳐 고생할 수 있기 때문이다.
>
> (나) 운동 전에는 준비 운동을 하는 것이 좋다.
>
> (다) 그리고 운동 후에는 마무리 운동을 꼭 해야 한다. 운동 후에 가볍게 스트레칭을 하면 운동으로 피곤해진 몸이 금방 회복된다.
>
> (라) 이렇게 간단한 준비 운동과 마무리 운동으로 운동 중에 다치는 사고도 예방하고 운동 효과도 높일 수 있다.

① (나)–(다)–(가)–(라)　　② (나)–(가)–(다)–(라)
③ (라)–(가)–(나)–(다)　　④ (라)–(나)–(다)–(가)



**[5–6]** **다음을 읽고 물음에 답하십시오.**

> 저와 제 아내는 회사에서 처음 만났습니다. 아내는 제가 일하던 회사의 직장 상사였습니다. 회사 경험이 없어서 자주 실수하던 저를 지금의 아내가 곁에서 많이 도와주었습니다. 첫눈에 반하지는 않았지만 아내의 따뜻한 마음씨에 반해서 저는 아내와 사랑에 빠지게 되었습니다. 우리는 사내 커플이 되었고 동료들 모르게 3년간 사내 연애를 했습니다. 하지만 아내가 직장 상사여서 불편한 점이 많았고 동료들을 속이는 것 같아 항상 마음이 무거웠습니다. ( ㉠ ) 결혼을 결심한 후 제가 회사를 옮기기로 했습니다. 송별회 자리에서 직장 동료들에게 결혼 사실을 이야기하게 되었습니다. 모두 놀란 것 같았지만 진심으로 축하해 주었습니다. 지금 저희는 누구보다 행복한 결혼 생활을 하고 있습니다. 혹시 사내 연애가 걱정이 돼서 마음을 전하지 못하고 있다면 지금 바로 용기를 내서 고백해 보시기 바랍니다.

5. ( ㉠ )에 들어갈 알맞은 것을 고르십시오.
   ① 그런데　② 그래서　③ 그리고　④ 그렇지만

6. 이 글의 내용과 같은 것을 고르십시오.
   ① 남자는 첫눈에 반해서 아내와 결혼했다.
   ② 남자는 자신의 부하 직원과 사랑에 빠졌다.
   ③ 남자는 사내 연애가 알려져서 결국 회사를 옮겼다.
   ④ 남자는 지금의 아내와 다른 사람들 모르게 사내 연애를 했다.

**[7-8] 다음을 읽고 물음에 답하십시오.**

'크로스핏'은 달리기나 줄넘기, 역도 같은 여러 가지 운동을 섞어서 만든 운동 프로그램이다. 이 운동은 몸의 여러 부분을 골고루 쓰기 때문에 다이어트와 몸매 만들기에 효과적이다.

'크로스핏' 운동 방법의 예는 다음과 같다. 먼저 팔굽혀펴기를 한 후 역기를 든다. 처음에는 가벼운 역기로 시작하지만 점점 무거운 역기로 바꿔서 ( ㉠ ) 동작을 반복한다. 그 다음에 윗몸 일으키기를 한 후 철봉에 매달리거나 작은 덤벨을 들고 팔을 올렸다가 내리는 동작을 여러 번 한다.

'크로스핏'의 매력은 다른 사람들과 함께 운동할 수 있다는 것이다. 여러 사람이 함께 서로 응원하는 분위기 속에서 운동을 하기 때문에 운동하는 시간이 더 즐거워진다. 혹시 혼자서 하는 지루한 운동에 지쳐 있고 색다른 운동을 해 보고 싶다면 '크로스핏'에 도전해 보자.

7. ( ㉠ )에 들어갈 알맞은 말을 고르십시오.
   ① 굽혔다가 펴는　　② 폈다가 숙이는
   ③ 들었다가 놓는　　④ 숙였다가 젖히는

8. 이 글의 내용과 같은 것을 고르십시오.
   ① 음식을 골고루 먹어야 다이어트에 성공할 수 있다.
   ② 줄넘기나 달리기만 하면 운동 효과를 전혀 볼 수 없다.
   ③ 가벼우면 운동 효과가 없기 때문에 무거운 역기를 들어야 한다.
   ④ '크로스핏'은 다른 사람과 함께 하는 운동이기 때문에 지루하지 않다.

**[9] 다음 글에서 〈보기〉의 문장이 들어가기에 가장 알맞은 곳을 고르십시오.**

눈 건강을 위해 가끔 눈 운동을 하면 좋다. ( ㉠ ) 눈 운동을 하면 컴퓨터나 스마트폰 사용으로 피곤해진 눈이 나빠지는 것을 예방할 수 있다. ( ㉡ ) 눈 운동을 할 때는 먼저 눈을 위, 아래, 오른쪽, 왼쪽으로 천천히 돌린다. ( ㉢ ) 휴식 시간이나 자기 전에 5분 정도만 눈 운동을 해도 큰 효과를 볼 수 있다고 한다. ( ㉣ )

〈보기〉 그 다음에 손가락으로 눈 위를 10초 정도 누른다.

① ㉠　② ㉡　③ ㉢　④ ㉣

[10] **다음 글의 주제로 가장 알맞은 것을 고르십시오.**

최근 '라온전자'는 회사 안에 직원들이 아이를 맡길 수 있는 어린이집과 스포츠 센터를 만들었다. '주식회사 마이더스'는 직원들에게 매일 특급 호텔 식사와 낮잠 시간을 주고 해외 유학 기회도 제공한다. 또 '손철수 연구소'에는 직원들이 연구를 하다가 쉴 수 있는 찜질방과 힘들 때 마음을 열고 이야기할 수 있는 심리 상담실이 있다.

이렇게 직원들을 위해 복지 시설을 만드는 회사가 늘고 있다. 회사가 직원들을 위해 더 좋은 환경을 제공하려고 노력하면 직원들도 진심으로 회사를 위해 최선을 다한다. 결국 직원과 회사가 함께 발전하게 되는 것이다.

① 회사 안에 스포츠 센터와 찜질방이 꼭 필요하다.
② 회사를 발전시키려면 직원들이 더 자주 쉬어야 한다.
③ 취직을 할 때 가장 먼저 생각해야 할 것은 회사의 복지 시설이다.
④ 직원의 행복을 중요하게 생각하는 회사가 더 많이 발전할 수 있다.



[11-13] **다음을 읽고 물음에 답하십시오.**

게리 체프먼 박사는 '다섯 가지 사랑의 언어'라는 책에서 나라마다 언어가 다른 것처럼 사람마다 사랑의 언어가 다르다고 했다.

다섯 가지 사랑의 언어는 말, 선물, 스킨십, 봉사, 그리고 시간 함께 보내기이다. 사랑의 언어가 말인 사람은 '사랑해', '넌 정말 좋은 사람이야' 등의 칭찬이나 격려의 말을 해 주면 사랑받고 있다고 느낀다. 어떤 사람들은 선물이 사랑을 표현하는 방법이라고 생각해서 항상 크고 작은 선물을 주고받는 것을 좋아한다. 스킨십이 사랑의 언어인 사람들은 손을 잡거나 팔짱을 끼는 것만으로도 행복해진다. 하지만 어떤 사람은 손을 잡거나 선물을 받는 것보다 상대방과 함께 시간을 보내는 것을 좋아한다. 어떤 사람들은 상대방이 자기를 도와줄 때 사랑을 느낀다. ㉠이들은 사랑하는 사람이 생기면 말없이 요리나 청소 등을 해 주는 것으로 사랑을 표현한다.

첫눈에 반해 사랑에 빠진 연인들도 사랑의 언어가 서로 다르다면 결국 오해가 생겨서 헤어지기 쉽다. 서로 알지 못하는 외국어로 이야기하는 것과 같기 때문이다. 외국인 친구를 이해하기 위해 외국어를 배우는 것처럼 오늘 내 곁에 있는 사람의 사랑의 언어는 무엇인지 알아보는 것은 어떨까?

11. 이 글의 주제로 가장 알맞은 것을 고르십시오.
① 말을 잘해야 연애에 성공할 수 있다.
② 연애를 할 때 외국어 공부가 중요하다.
③ 사람마다 사랑을 느끼고 표현하는 방법이 다르다.
④ 외국인 애인을 이해하기 위해서 그 나라의 말을 배워야 한다.

12. 밑줄 친 '㉠이들은' 누구를 말하는지 고르십시오.
① 선물을 좋아하는 사람들
② 사랑의 언어가 '봉사'인 사람들
③ 요리나 청소를 좋아하는 사람들
④ 함께하는 시간을 중요하게 생각하는 사람들

13. 이 글의 내용과 같은 것을 고르십시오.
① 선물이 사랑을 표현하는 가장 좋은 방법이다.
② 사랑하는 사람에게 자주 사랑한다고 말해 줘야 한다.
③ 사랑한다면 사랑하는 사람과 함께 많은 시간을 보내야 한다.
④ 아무리 좋은 선물을 받아도 행복을 느끼지 못하는 사람들이 있다.



**[14-15] 다음을 읽고 (                    )에 들어갈 말을 각각 한 문장으로 쓰십시오.**

14. (                                        )

두 사람이 만나서 하나가 되었습니다. 오랜 연애 끝에 저희가 결혼을 합니다. 바쁘시겠지만 15. (                                        )

- 신랑 : 준수        • 신부 : 미호
- 일시 : 6월 25일 오후 1시
- 장소 : 부산웨딩홀

[16] 다음을 주제로 하여 자신의 생각을 쓰십시오. (200~300자)

- '사랑'이 뭐라고 생각합니까?
- '사랑'의 느낌과 비슷한 색깔이나 물건이 있습니까? 사랑하는 사람을 만난 후에 달라진 점이 있습니까?

## 발음 Pronunciation

### 1. 잘 들어 보세요. track 06

1. 빗방울이 떨어지네요.
2. 저는 작년에 결혼했어요.
3. 음료수 파는 데가 어디에 있어요?

### 2. 잘 듣고 발음에 주의하여 읽어 보세요. track 07

1. 감기에 걸려서 콧물이 계속 나요.
2. 동아리 모임에 몇 명이 참석한대요?
3. 친구가 놀러 온다고 하니까 오늘은 방 정리를 좀 해야겠어요.

### 3. 친구와 연습해 보세요. track 08

1. A : 생선회를 더 맛있게 먹는 방법을 가르쳐 주세요.
   B : 김하고 깻잎에 싸서 드셔 보세요. 색다른 맛을 느낄 수 있을 거예요.

2. A : 밥 먹었어?
   B : 시간이 없어서 아직 못 먹었어.

3. A : 독립기념관에 가려고 하는데 어디에서 내려야 돼요?
   B : 이번 정류장에서 내리세요.

4. A : 이번 여름에는 발리에 가자. 바닷가에서 산책도 하고 수영도 하고…….
   B : 나는 해외여행보다는 국내 여행이 좋을 것 같아. 이번 휴가가 별로 길지 않거든.

## 말하기 Speaking

다음 그림을 보고 친구에게 이야기해 주세요.

1.

2.

## 역할극 하기 Role-play

**A와 B로 역할을 나누어 이야기해 보세요.**

1. 누가 어떤 역할을 할지 정하세요.

| A | B |
|---|---|
| 저는 회사원입니다. 날마다 야근을 해야 하고 주말에도 회사에 나가야 합니다. 그런데 다른 회사보다 월급도 적습니다. 계속 스트레스를 받았는데 이번에 회사를 그만두려고 합니다. 그만두기 전에 선배에게 조언을 듣고 싶습니다. | A 씨의 회사 선배입니다. 요즘 회사 일이 많고 힘들어서 후배 직원들이 힘들어 합니다. 벌써 여러 명이 회사를 그만두었습니다. A 후배가 찾아와서 회사를 그만두고 싶다고 합니다. 회사 분위기도 걱정이 되고 A 씨의 미래도 걱정이 됩니다. |

2. 잠깐 생각해 봅시다.

| A | B |
|---|---|
| **1. 인사하기**<br>• 요즘 어떻게 지내는지 묻기 | **1. 인사하기**<br>• 요즘 회사 생활이 어떤지 묻기 |
| **2. 불평하기**<br>• 일이 많고 힘들다<br>• 월급이 적다 | **2. 불평 들어 주기**<br>• 회사 생활의 어려움 들어 주기 |
| **3. 고민 말하기**<br>• 회사를 그만두려고 한다<br>• 미래가 불안하다 | **3. 고민에 대해 질문하기**<br>• 회사를 그만둔 후의 계획 묻기 |
| **4. 계획 말하기**<br>• 다른 회사를 찾을 것이다<br>• 내 사업을 시작할 것이다 | **4. 조언하기**<br>• 회사를 그만둔 후의 장점과 단점을 같이 생각해 보기 |

3. 친구와 역할극을 해 보세요.

# 13 지금 입고 있는 양복이 잘 어울려요

## The suit you are wearing looks good on you

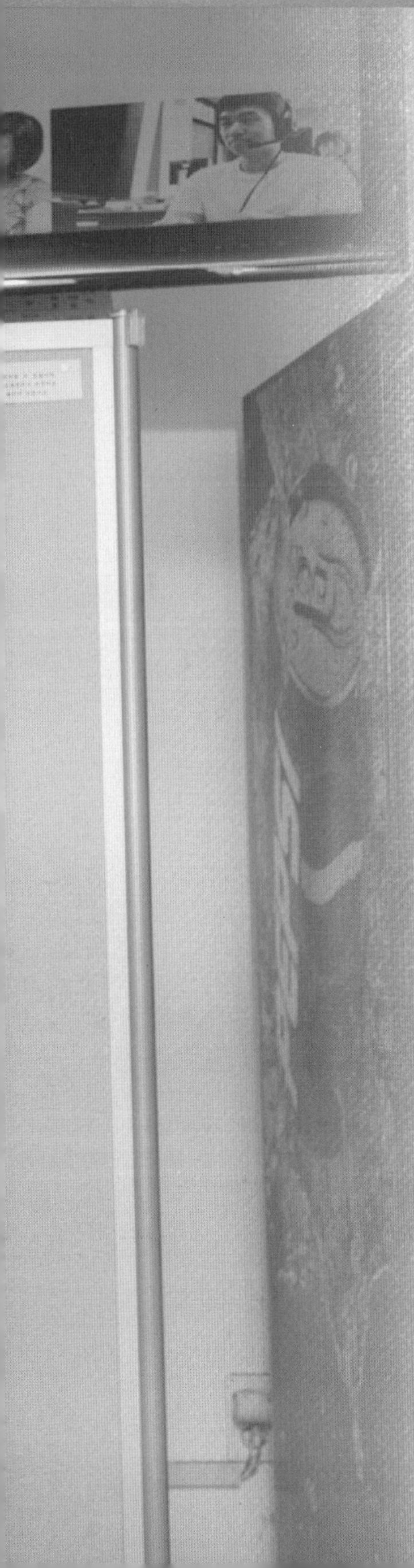

**어 휘** · 모임과 옷차림
Gatherings and attire

**문법과 표현**
- A/V-(으)ㄹ까 봐
- V-고 있다
- A/V-았어야/었어야 했는데
- V-도록

**문형 연습**

## 어 휘 Vocabulary

**연 습 1** 알맞은 모임을 연결하세요.

| | | | |
|---|---|---|---|
| 1) | 돌잔치 | • | • 새로 이사를 해서 우리 집에서 음식을 대접하고 싶은데 이번 주말에 시간 돼요? |
| 2) | 송년회 | • | • 우리 서현이가 태어난 지 벌써 일 년이 되었어요. 꼭 오셔서 축하해 주세요. |
| 3) | 동창회 | • | • 이번 주 토요일에 고등학교 때 친구들이 모두 모인대. 같이 가서 재미있게 놀자. |
| 4) | 송별회 | • | • 벌써 12월이야. 올해가 다 가기 전에 동호회 사람들하고 만나기로 했는데 너도 올 수 있지? |
| 5) | 집들이 | • | • 김 과장님과 함께 할 수 있는 마지막 자리니까 오늘 저녁 모임에 꼭 참석해 주세요. |

**연 습 2** 빈칸에 알맞은 말을 넣어 글을 완성하세요.

| 대접하다 | 차리다 | 차려입다 | 꾸미다 | 마련하다 |
|---|---|---|---|---|

오늘은 진우 씨 아들의 돌잔치에 갔다. 장소는 시내에 있는 큰 식당이었는데 풍선과 아기의 사진으로 예쁘게 방을 1) ____________고 과자와 과일, 그리고 여러 가지 물건으로 돌상을 2) ____________ 놓았다.

아기는 색동저고리를 입었고 진우 씨 부부도 예쁜 한복을 3) ____________고 손님들에게 음식을 4) ____________다. 돌아올 때는 진우 씨 부부가 5) ____________ 선물도 받았다. 참 즐거운 경험이었고 진우 씨의 아기가 건강하게 잘 자랐으면 좋겠다.

## 연습 3 [보기]와 같이 대화를 완성하세요.

[ 보기 ] A : 이 청바지에 어떤 옷이 어울릴까요?
B : 흰 티셔츠를 입으면 좋을 것 같은데요.

1) A : 내일 회사 면접이 있는데 정장을 입어야겠지요?
B : 네, 그리고 너무 화려한 귀걸이나 목걸이는 ______지 않는 게 좋아요.

2) A : 날씨가 쌀쌀한데 옷이 너무 얇지 않아요?
B : 목에 목도리를 ______고 장갑도 ______면 괜찮아요.

3) A : 100일 기념일에 무슨 선물 받았어요?
B : 남자 친구가 커플 반지를 사서 제 손에 ______어 줬어요.

4) A : 짐이 많은데 혼자서 들고 갈 수 있겠어?
B : 괜찮아. 배낭에 넣어서 어깨에 ______고 가면 돼.



## 연습 4 알맞은 단어를 넣어 [보기]와 같이 대화를 완성하세요.

| 부족하다 | 모자라다 | 충분하다 | 남다 |
|---|---|---|---|

[ 보기 ] A : 제주도 여행하는 데 얼마나 들까? 20만 원이면 될까?
B : 글쎄, 좀 부족할 것 같은데……. 비행기 표도 사야 하고 차도 빌려야 하잖아.

1) A : 산꼭대기까지 올라갔다 오는 데 얼마나 걸릴까?
B : 3시간이면 ______________ 거야. 산이 별로 높지 않으니까.

2) A : 집들이 잘 끝났어요? 음식은 ______________지 않았어요?
B : 네, 충분했어요. 다들 맛있다고 칭찬해 줬어요.

3) A : 자원봉사를 한다고 들었는데 어떤 일을 해요?
B : 제과점에서 팔고 ______________은 빵을 모아서 가난한 사람들에게 나눠 줘요.

## 문법과 표현 Grammar and Expression

### 1. A/V-(으)ㄹ까 봐

**연 습 1** 다음을 맞게 연결하고 [보기]와 같이 문장을 만드세요.

| | | |
|---|---|---|
| [ 보기 ] 실수하다 • | | • 대강당을 빌리다 |
| 1) 음식이 남다 • | | • 담배를 안 피우다 |
| 2) 장소가 좁다 • | | • 조금만 준비하다 |
| 3) 건강에 나쁘다 • | | • 다시 잘 확인하다 |
| 4) 시험이 어렵다 • | | • 충분히 준비하다 |
| 5) 재료가 부족하다 • | | • 열심히 공부하다 |

[ 보기 ] 실수할까 봐 다시 잘 확인했어요.

1) ______________________________.

2) ______________________________.

3) ______________________________.

4) ______________________________.

5) ______________________________.

## 연 습 2 [보기]와 같이 대화를 완성하세요.

**[ 보기 ]** A : 왜 지도를 가지고 다녀요?
B : 아직 서울 지리*를 잘 몰라서 <u>길을 잃어버릴까 봐서요</u>.

1) A : 왜 그렇게 돈을 아껴 써요?
B : 돈을 아끼지 않으면 나중에 ______________________________.

2) A : 왜 항상 사전을 가지고 다녀요?
B : 한국어 신문을 읽을 때 ______________________________.

3) A : 알람을 세 개나 맞춰* 놓고 자요?
B : 네, 아침 일찍 회의가 있는데 ______________________________.

4) A : 아이스크림 좋아하면 더 먹지 그래요?
B : 맛은 있는데 너무 많이 먹으면 ______________________________.

5) A : 행사 준비는 잘돼 가요?
B : 열심히 준비하기는 했는데 ______________________________ 걱정이에요.

## 연 습 3 빈칸에 알맞은 말을 넣어 다음 글을 완성하세요.

대학원 입학시험 날짜가 얼마 남지 않았다. 시험에 1) ________________ 봐 밤늦게까지 공부하는 날이 많아졌다. 그래서 학교에 가면 수업 시간에 2) ________________ 봐 커피를 많이 마시게 된다. 고향에 계신 부모님은 항상 내가 3) ________________ 봐 걱정을 많이 하신다. 나는 부모님이 4) ________________ 봐 잘 지낸다고 말하지만 솔직히* 요즘엔 많이 힘들다.

힘들 때는 여자 친구도 많이 보고 싶다. 오랫동안 만나지 못하니까 여자 친구가 5) ________________ 봐 걱정이다. 이럴 땐 유학 온 게 조금 후회가 된다.

벌써 12시가 되었다. 내일 발표가 있는데 열심히 준비했지만 6) ________________ 봐 걱정이다. 한 번 더 연습하고 자야겠다.

지리 way around; topography (시계를) 맞추다 to set (a watch/clock) 솔직히 honestly

## 2. V-고 있다

**연 습 1** 민수 씨의 결혼식 사진을 보면서 문장을 만드세요.

| ① 민수 | ② 아버지 | ③ 어머니 | ④ 형 |
|---|---|---|---|
| ⑤ 누나 | ⑥ 여동생 | ⑦ 사촌 동생 | ⑧ 조카 |

1) 민수 씨는 까만색 양복에 하얀색 나비넥타이*를 매고 있어요.

2) ______________________________.

3) ______________________________.

4) ______________________________.

5) ______________________________.

6) ______________________________.

7) ______________________________.

8) ______________________________.

*나비넥타이 bow tie

## 연 습 2 [보기]와 같이 대화를 완성하세요.

[ 보기 ]
A : 우리 반에 안경을 끼고 있는 사람은 모두 몇 명이지요?
B : 5명이에요.

A : 은행에서 일할 때 어떤 옷을 입어요?
B : 우리 은행 직원들은 모두 갈색 유니폼*을 입고 일해요.

1) A : 저 뒤에 검은색 원피스에 진주 목걸이*를 ____________는 여자가 제 아내예요.
B : 그래요? 정말 미인이시네요.

2) A : 우리 길을 잃어버린 것 같다. 어떡하지?
B : 저기 파란색 제복*을 ____________는 사람한테 물어보자. 경찰인 것 같아.

3) A : 요즘엔 휴대폰으로 시간을 확인할 수 있으니까 손목시계를 ____________는 사람이 별로 없어요.
B : 맞아요. 손목시계는 이제 액세서리가 되었어요.

4) A : 배낭을 ____________는 걸 보니 등산 가나 봐요?
B : 네, 북한산이 아름답다고 해서 한번 올라가 보려고요.

5) A : 바닷가에서는 꼭 모자를 ____________세요. 햇빛이 너무 강해요.
B : 그렇지 않아도 모자를 준비했어요.

6) A : 결혼식에 운동화를 ____________도 돼요?
B : 그럼 좀 곤란할 것 같은데요.

7) A : 저기 장바구니를 ____________는 분이 저희 어머니세요.
B : 그래요? 무거워 보이는데 어서 가서 도와드리세요.

8) A : 이번 파티에 한복을 입고 가려고 하는데 신발은 뭘 신어야 하죠?
B : 이 하얀 고무신을 ____________면 좋을 거예요.

유니폼, 제복 uniform, work clothes 진주 목걸이 pearl necklace

## 3. A/V-았어야/었어야 했는데

**연 습 1** [보기]와 같이 대화를 완성하세요.

> [ 보기 ] 친구 생일 파티에 갔는데 케이크가 없다.
> (케이크를 사 가다) 케이크를 사 갔어야 했는데…….

1) 은행에 갔는데 은행 문이 닫혀 있다.
   (더 일찍 오다) ______________________.

2) 비행기 표를 사려고 했는데 벌써 다 팔리고 없다.
   (미리 예매하다) ______________________.

3) 소금을 많이 넣었더니 음식이 너무 짜다.
   (소금을 덜 넣다) ______________________.

4) 우산을 안 가져왔는데 비가 많이 온다.
   (우산을 가져오다) ______________________.

5) 고추장을 많이 넣었더니 비빔밥이 너무 맵다.
   (고추장을 조금 넣다) ______________________.



**연 습 2** [보기]와 같이 대화를 완성하세요.

> [ 보기 ] A : 어제 회식에 왜 안 왔어요? 기다렸는데요.
> B : 미안해요. 갔어야 했는데 몸이 안 좋았어요.

1) A : 동창회에 왜 참석 안 했어요? 아주 재미있었는데요.
   B : ______________________ 회사에 급한 일이 생겨서 못 갔어요.

2) A : 연락도 없고 모임에도 안 와서 걱정했어요.
   B : ______________________ 사정이 있어서 연락을 못 했어요.

3) A : 형, 내일이 어버이날인데 아직 선물 준비를 안 했어?
   B : ______________________ 너무 바빠서 선물 살 시간이 없었어.

4) A : 김 대리, 오늘 출근이 좀 늦었네요. 무슨 일이 있었어요?
   B : ______________________ 버스를 탔더니 길이 많이 막혔어요.
   다음부터는 조심하겠습니다.

## 연 습 3 다음 상황을 보고 대화를 완성하세요.

**[ 상황 1. 약속 ]**

A : 내가 좀 늦었지? 미안해.

B : 아니야. 그런데 약속 시간이 지났는데 연락이 안 돼서 걱정했어.

A : 미안해. 1) ______________________________.

B : 괜찮아. 그런데 무슨 일이 있었어?

A : 지갑에 현금*이 하나도 없어서 돈 찾고 오느라 좀 늦었어.

2) ______________________________.

**[ 상황 2. 문병 ]**

A : 교통사고가 났다고 들었어요. 어떻게 하다가 사고가 났어요?

B : 과속을 하다가 사고가 났어요.

3) ______________________________.

A : 이렇게 많이 다쳐서 어떡해요? 안전벨트를 안 맸어요?

B : 네. 4) ______________________________.

## 연 습 4 다음 글을 읽고 '–았어야/었어야 했는데'를 써서 문장을 만드세요.

나는 어렸을 때 1) <u>부모님 말씀을 잘 듣지 않았다</u>. 그리고 공부도 2) <u>열심히 하지 않았다</u>. 부모님은 나와 함께 있는 것을 좋아하셨는데 나는 3) <u>부모님과 함께 시간을 보내지 않았다</u>. 부모님께 4) <u>편지를 써 본 적도 없다</u>. 그리고 5) <u>사랑한다고 말한 적도 없다</u>. 그런데 지금은 한국에서 혼자 유학하니까 부모님이 많이 보고 싶다.

1) ______________________________.

2) ______________________________.

3) ______________________________.

4) ______________________________.

5) ______________________________.

*현금 cash

## 4. V-도록

**연 습 1** 다음을 맞게 연결하고 [보기]와 같이 문장을 만드세요.

| | |
|---|---|
| [ 보기 ] 발음이 좋아지다 • | • 열심히 운동하다 |
| 1) 건강해지다 • | • 조용히 하다 |
| 2) 잃어버리지 않다 • | • 손잡이*를 꼭 잡다 |
| 3) 넘어지지 않다 • | • 열심히 응원하다 |
| 4) 아이가 잘 자다 • | • 약을 잘 챙겨 먹다* |
| 5) 감기가 빨리 낫다 • | • 이름을 쓰다 |
| 6) 우리 팀이 이기다 • | • 연습을 많이 하다 |

[ 보기 ] 발음이 좋아지도록 연습을 많이 하세요.

1) ______________________________.

2) ______________________________.

3) ______________________________.

4) ______________________________.

5) ______________________________.

6) ______________________________.

손잡이 handle 챙겨 먹다 to take (meals/medicine, etc)

## 연습 2 [보기]와 같이 대화를 완성하세요.

[보기] A : 밖이 시끄러워서 음악 소리가 잘 안 들려요.
B : 그래요? 잘 들리도록 볼륨을 높여 볼게요.
(들리다)

1) A : 음식이 맵지 않아서 아이들이 참 좋아하겠어요.
B : 네, 아이들이 ______________ 고추장 대신 마요네즈*를 사용했어요.
(먹을 수 있다)

2) A : 손님, 고기를 어떻게 구워 드릴까요?
B : 속까지 ______________ 충분히 구워 주세요.
(익다)

3) A : 다음 주 동창회 모임에 나올 수 있지요?
B : 당연하지요. ______________ 달력에 표시해 두었어요.
(잊어버리지 않다)

4) A : 김 대리, 오늘 또 늦었네요.
B : 정말 죄송합니다. 내일부터는 ______________ 주의하겠습니다.
(늦지 않다)

## 연습 3 알맞은 단어를 넣어 [보기]와 같이 대화를 완성하세요.

| 세 시간이 넘다 | 한 달이 되다 | 30분이 지나다 | 밤새다 |
|---|---|---|---|

[보기] A : 어제 못 잤어요? 눈이 빨개요.
B : 어젯밤에 룸메이트가 새벽 2시가 되도록 들어오지 않아서 잠을 잘 못 잤어요.

1) A : 많이 피곤해 보이네요. 어디 아파요?
B : 백화점에 갔는데 여자 친구가 ______________ 쇼핑을 하는 거예요. 따라다니기가* 너무 힘들었어요.

2) A : 아직도 친구를 기다리고 있어요?
B : 네, ______________ 오지도 않고 전화도 안 받아요. 무슨 일이 생겼나 봐요.

3) A : 오랜만에 고향 친구를 만나서 좋았겠어요.
B : 네, 고향 음식도 만들어서 먹고 오랜만에 친구하고 ______________ 이야기했는데 정말 즐거웠어요.

4) A : 여자 친구와는 잘 만나고 있어요?
B : 요즘 회사 일이 너무 바빠서 ______________ 데이트도 못 했어요.

마요네즈 mayonnaise 따라다니다 to follow around

## 문형 연습 Pattern Practice

track 09

**연 습 1**

[ 보기 ] 선생님 (T) 왜 우산을 가져가요?
학 생 (S) (비가 오다) 비가 올까 봐 우산을 가져가요.

1. T 왜 커피를 안 마셔요?
   S (밤에 잠이 안 오다) ______________________.
2. T 뭐가 그렇게 걱정이에요?
   S (행사 준비가 제대로 안되다) ______________________.
3. T 왜 이렇게 일찍 나가세요?
   S (길이 막히다) ______________________.
4. T 왜 잠을 잘 못 잤어요?
   S (아침에 일찍 못 일어나다) ______________________.

**연 습 2**

[ 보기 ] 선생님 (T) 스티븐 씨는 파란색 바지를 입었어요.
학 생 (S) 파란색 바지를 입고 있는 사람이 스티븐 씨예요.

1. T 지연 씨는 모자를 썼어요.
   S ______________________.
2. T 아키라 씨는 하늘색 넥타이를 맸어요.
   S ______________________.
3. T 우리 오빠는 회색 가방을 들었어요.
   S ______________________.
4. T 제 동생은 목걸이와 귀걸이를 했어요.
   S ______________________.

## 연 습 3

[ 보기 ] 선생님 (T) 회의 장소를 미리 예약 안 했어요?
학　생 (S) 죄송해요. 미리 예약했어야 했는데…….

1. T 발표 준비를 제대로 안 했어요?
   S 죄송해요. ______________________________.
2. T 원고를 미리 써 오지 않았어요?
   S 죄송해요. ______________________________.
3. T 출발하기 전에 전화하지 그랬어요?
   S 죄송해요. ______________________________.
4. T 회의 시간을 왜 알려 주지 않았어요?
   S 죄송해요. ______________________________.

## 연 습 4

[ 보기 ] 선생님 (T) 감기에 자주 걸려요.
학　생 (S) (손을 자주 씻다) 그럼 감기에 걸리지 않도록 손을 자주 씻으세요.

1. T 음식이 자꾸 상해요.
   S (냉장고에 넣다) 그럼 ______________________________.
2. T 회사에 자주 지각해요.
   S (알람을 맞추다) 그럼 ______________________________.
3. T 컴퓨터에 먼지가 많이 끼어요.
   S (자주 청소하다) 그럼 ______________________________.
4. T 자꾸 물건을 잃어버려요.
   S (잘 보이는 곳에 놓다) 그럼 ______________________________.

# 14 나이가 들면 들수록 고향이 그리워져요

## The older I get, the more I miss my hometown

**어 휘**

- 도시와 시골
  City and countryside

**문법과 표현**

- 하도 A/V－아서/어서
- A/V－았던/었던
- A－아/어하다
- A/V－(으)면 A/V－(으)ㄹ수록

**문형 연습**

## 어 휘 Vocabulary

**연 습 1** 알맞은 것을 골라 글을 완성하세요.

| | | |
|---|---|---|
| 여유가 있다 | 활기차다 | 불편하다 |
| 공기가 맑다 | 따분하다 | 평화롭다 |
| 시간 가는 줄 모르다 | 편의 시설이 잘되어 있다 | |

도시에서 살면 좋은 점이 많다. 우선, 1) ______________________. 집 근처에 병원, 마트, 식당 등 없는 게 없다. 그리고 항상 사람들도 많이 왔다 갔다 해서 2) ______________. 하지만 나는 가끔 시골에서 살고 싶다. 시골에는 차도 별로 없고 나무도 많아서 3) ______________________. 그리고 무엇보다도 바쁘지 않고 4) ______________어서 좋다. 그런데 시골에서는 문화생활을 자주 할 수 없어서 좀 5) ______________ 것 같다.



**연 습 2** 알맞은 단어를 골라 문장을 완성하세요.

| | | |
|---|---|---|
| 정원 | 잔디 | 채소 |
| 농사 | 가축 | 물고기 |

1) 오이, 상추, 당근 등 ______________를 골고루 먹어야 해요.

2) 소, 돼지, 닭 등은 집에서 기르는 ______________이에요.

3) 요즘 도시에서 시골로 내려가서 ______________를 지으면서 살고 싶어 하는 사람이 많다.

4) 항상 우리 집보다 옆집 ______________가 더 파래요. 왜 그럴까요?

5) 은퇴한 후에는 바다가 보이는 곳에서 살면서 ______________를 잡으면서 살고 싶다.

## 연 습 3 알맞은 것을 골라 대화를 완성하세요.

| 깎다 | 심다 | 가꾸다 |
|---|---|---|
| 키우다 | 잡다 | 짓다 |

1) A : 할아버지 댁에 가축이 있어요?

B : 네, 소와 닭을 ________________고 계세요.

2) A : 정원이 참 예쁘네요.

B : 네, 정원 ________________ 게 제 취미예요.

3) A : 잔디가 벌써 많이 자랐네요.

B : 그래요? ________________ 지 얼마 안 된 것 같은데…….

4) A : 낚시*는 즐거웠어요?

B : 하루 종일 앉아 있었는데도 한 마리도 못 ________________요.

## 연 습 4 알맞은 것을 골라 문장을 완성하세요.

| | 상상이 되다 | 상상이 안되다 | |
|---|---|---|---|
| 사라지다 | 생기다 | 변하다 | 몰라보다 |

1970년대 서울 청계천

현재의 서울 청계천

1) 청계천이 ________________게 바뀌었어요.

2) 옛날 모습이 ________________ ____________.

3) 그동안 새로 ________________ 건물도 많네요.

4) 지금은 옛날 건물이 거의 ____________.

낚시 fishing

# 문법과 표현 Grammar and Expression

## 1. 하도 A/V-아서/어서

**연 습 1** [보기]와 같이 대화를 완성하세요.

[ 보기 ] A : 외출하세요?
B : 네, 하도 심심해서 친구 만나려고요.
(심심하다)

1) A : 혹시 울었어요?
B : 네, 영화를 보다가 ____________________ 눈물이 났어요.
(슬프다)

2) A : 양복은 잘 샀어요?
B : 아니요, 값이 ____________________ 못 사고 그냥 왔어요.
(비싸다)

3) A : 그 영화가 그렇게 재미있어요?
B : 네, ____________________ 시간 가는 줄 몰랐어요.
(재미있다)

4) A : 케이크를 또 먹으려고요?
B : 네, ____________________ 자꾸 손이 가요.*
(맛있다)

**연 습 2** 맞는 것끼리 연결하고 [보기]와 같이 문장을 완성하세요.

| | |
|---|---|
| [ 보기 ] 운동을 아주 열심히 했어요. • | • 잠을 못 자겠어요. |
| 음악 소리가 무척 시끄러워요. • | • 감기에 걸렸어요. |
| 일이 매우 많아요. • | • 아직 퇴근을 못 했어요. |
| 날씨가 너무 추워요. • | • 후식은 못 먹겠어요. |
| 배가 진짜 불러요. • | • 다리가 아파요. |

[ 보기 ] 운동을 하도 열심히 해서 다리가 아파요.

1) ______________________________ 잠을 못 자겠어요.

2) ______________________________ 후식은 못 먹겠어요.

3) ______________________________ 감기에 걸렸어요.

4) ______________________________ 아직 퇴근을 못 했어요.

손이 가다 to require a lot of attention; to be hard to stay away from

## 2. A/V-았던/었던

**연 습 1** [보기]와 같이 대화를 완성하세요.

> [ 보기 ] A : 방금 이야기한 남자가 누구예요?
> B : 지난번에 소개팅에서 만났던 사람이에요.

1) A : 이번 휴가 때 여행 갈 거예요?
   B : 네, 가족들하고 지난여름에 ________________ 바다에 다시 놀러가기로 했어요.

2) A : 이 영화를 볼까요? 액션 영화인데 요즘 인기가 많대요.
   B : 다른 걸 보면 안 될까요? 지난주에 친구하고 ________________ 영화예요.

3) A : 두 분은 어디에서 처음 만나셨어요?
   B : 여행 갈 때 ________________ 비행기 안에서 만났어요. 이 사람을 보고 제가 첫눈에 반했지요.

4) A : 오늘 김 과장님 송별회를 어디에서 한대요?
   B : 지난번 회식 때 ________________ 식당에서 한대요.

5) A : 이 책 읽어 봤어요? 베스트셀러인가 봐요.
   B : 네, 이번 휴가 때 재미있게 ________________ 책이에요.

6) A : 무슨 좋은 일 있어요? 기분이 좋아 보여요.
   B : 네, 지하철에서 ________________ 지갑을 찾았어요.

7) A : 점심에 뭘 먹을까요? 먹고 싶은 거 있어요?
   B : 어제저녁 때 ________________ 냉면을 또 먹고 싶어요.

## 연 습 2 [보기]와 같이 문장을 완성하세요.

곳

?

친구

음식

?

영화

책

?

노래

[ 보기 ] 제주도는 제가 작년 여름에 / 고등학생 때 여행 갔던 곳입니다.

1) ______________ 은/는 제가 ______________ ______________ 친구입니다.

2) ______________ 은/는 제가 ______________ ______________ 음식입니다.

3) ______________ 은/는 제가 ______________ ______________ 영화입니다.

4) ______________ 은/는 제가 ______________ ______________ 책입니다.

5) ______________ 은/는 제가 ______________ ______________ 노래입니다.

## 연 습 3 알맞은 것을 골라 [보기]와 같이 문장을 완성하세요.

[ 보기 ] 얼마 전에 ( 헤어지던 / 헤어졌던 ) 사람과 다시 사귀기로 했어요.

1) 오늘 아침에 회사 앞에서 ( 인사하던 / 인사했던 ) 사람을 오후에 또 만나게 됐다.

2) 교차로의 신호등이 빨간불로 바뀌니까 ( 달리던 / 달렸던 ) 차들이 멈췄다.

3) 분명히 여기에 있었는데 아까 ( 읽던 / 읽었던 ) 책이 없어졌어요. 아직 다 못 읽었는데…….

4) 지난겨울 친구들과 스키 타러 ( 가던 / 갔던 ) 스키장에 다시 놀러 가기로 했어요.

5) 제가 ( 먹던 / 먹었던 ) 케이크가 냉장고에 좀 남아 있을 거예요. 많이 출출하면 그거라도 드세요.

6) 지난주에 친구 집에서 ( 먹던 / 먹었던 ) 삼계탕이 정말 맛있었어요.

7) 텔레비전 보지 말고 아까 ( 하던 / 했던 ) 숙제를 계속하자.

8) 불고기는 제가 처음 ( 만들던 / 만들었던 ) 한국 음식이에요.

9) 이 나무는 큰아들이 태어났을 때 기념으로 ( 심던 / 심었던 ) 거예요.

## 3. A-아/어하다

**연 습 1** 알맞은 단어를 골라 대화에 맞게 고쳐 보세요.

| 춥다 | 심심하다 | 그립다 | 어렵다 | 덥다 |
|---|---|---|---|---|
| 맛있다 | 피곤하다 | 재미있다 | 궁금하다 | 배고프다 |

1) A : 아키라 씨가 음식을 맛있게 먹네요.

   B : 아키라 씨는 내가 만든 음식은 무엇이든지 ________________.

2) A : 날씨가 따뜻한데 왜 히터*를 켰어요?

   B : 히엔 씨가 ________________서요.

3) A : 그 이야기를 유진 씨한테 하지 말라고 부탁했는데 왜 말했어요?

   B : 미안해요. 유진 씨가 하도 ________________서 말해 줬어요.

4) A : 조카는 어디에 있어요?

   B : 조카가 하도 ________________ 언니가 놀이터에 데리고 갔어요.

5) A : 지연 씨가 많이 피곤해 보이네요.

   B : 네, 아르바이트를 시작하더니 요즘 많이 ________________요.

6) A : 여기 있던 잡지책 못 봤어요?

   B : 줄리앙 씨가 그 책을 하도 ________________서 빌려줬어요.

7) A : 동생이 고등학교에 들어갔다고 들었는데 공부 잘해요?

   B : 영어는 잘하는데 수학을 많이 ________________요.

* 히터 heater

**연 습 2** 지연 씨가 돌봐 드리는 할머니의 가족이 지연 씨에게 메모를 남겼습니다. 알맞게 고쳐 보세요.

> 지연 씨,
>
> 저희 어머니가 어젯밤에 어깨를 많이 1) <u>아프셨어요</u>. 좀 주물러 드리세요. 높은 베개를 2) <u>불편하시니까</u> 낮은 베개로 바꿔 주세요. 그리고 어머니가 식사를 하신 후에도 자주 3) <u>배고프시니까</u> 오후 3시쯤 간식을 드리세요. 4) <u>심심하시면</u> 텔레비전을 켜 드리거나 책을 읽어 드리면 5) <u>좋으실 거예요</u>. 병원에 계시면서 늘 6) <u>외로우셨는데</u> 요즘엔 지연 씨가 돌봐 드리니까 어머니가 참 7) <u>행복하세요</u>. 어머니를 잘 돌봐 주셔서 저희 가족 모두 항상 8) <u>고맙고</u> 있어요. 오늘도 잘 좀 부탁드려요.

1) 아파하셨어요

2) ____________________

3) ____________________

4) ____________________

5) ____________________

6) ____________________

7) ____________________

8) ____________________

**연 습 3** 알맞은 것을 골라 문장을 완성하세요.

1) 일이 하도 ( 힘들어서 / 힘들어해서 ) 회사를 옮겼어요.

2) 할아버지가 나를 무척 ( 예쁘셔서 / 예뻐하셔서 ) 볼 때마다 용돈을 많이 주세요.

3) 친구가 시험에 떨어져서 내 마음이 ( 아팠어요 / 아파했어요 ).

4) 내가 아끼던 가방을 잃어버려서 너무 ( 속상해요 / 속상해해요 ).

5) 동생이 자전거를 갖고 ( 싶어서 / 싶어 해서 ) 아버지가 생일 선물로 사 주셨다.

6) 내 말을 듣고 너무 기분 ( 나쁘지 / 나빠하지 ) 마세요. 모두 민수 씨를 위해서 하는 말이니까요.

## 4. A/V-(으)면 A/V-(으)ㄹ수록

**연 습 1** [보기]와 같이 대화를 완성하세요.

[ 보기 ] ( 빠르다 / 좋다 )
A : 과장님, 이 보고서를 언제까지 끝내면 됩니까?
B : 빠르면 빠를수록 좋아요.

1) ( 읽다 / 재미있다 )
A : 또 만화책을 읽고 있네. 만화책이 그렇게 재미있어?
B : 네, ______________________________.

2) ( 춥다 / 움직여야 하다 )
A : 오늘은 날씨가 너무 추우니까 그냥 집에서 쉬는 게 어때요?
B : 안 돼요. ______________________________.

3) ( 올라가다 / 경치가 좋다 )
A : 설악산에 가 보니까 어땠어요?
B : 너무 좋았어요. ______________________________.

4) ( 도시가 발전하다 / 교통이 복잡해지다 )
A : 서울도 대도시라서 교통이 복잡한 편이지요?
B : 네, ______________________________.

5) ( 어리다 / 외국어를 빨리 배우다 )
A : 아이에게 벌써 영어를 가르쳐요? 4살인데 너무 어리지 않아요?
B : 아니에요, ______________________________.

6) ( 살다 / 건강이 나빠지다 )
A : 도시가 편한데 왜 시골로 이사를 가려고 해요?
B : 공기가 나빠서 ______________________________.

7) ( 가깝다 / 월세가 비싸다 )
A : 지하철역에서 가깝고 월세도 싼 집을 찾고 있어요.
B : 손님, 지하철역에서 ______________________________.

## 연 습 2 다음에 대해 친구와 이야기해 보세요.

1) 

휴대폰

휴대폰은 작으면 작을수록 편해요.

휴대폰은 새로 나온 것일수록 더 비싸요.

2) 

가수

____________________.

____________________.

3) 

친구

____________________.

____________________.

4) 

자동차

____________________.

____________________.

## 연 습 3 다음 수수께끼*를 풀어 보세요.

| 별 | 꿈 | 빵 | 빚* | 낮과 밤 | 나이 | 풍선 | 걸레* |
|---|---|---|---|---|---|---|---|

1) 먹으면 먹을수록 더 많아지는 것은?

2) 닦으면 닦을수록 더 더러워지는 것은?

3) 뜨거우면 뜨거울수록 더 신선한 것은?

4) 쓰면 쓸수록 더 많아지는 것은?

5) 뚱뚱하면 뚱뚱할수록 더 가벼워지는 것은?

6) 어두우면 어두울수록 더 잘 보이는 것은?

7) 길어지면 길어질수록 다른 한쪽은 짧아지는 것은?

8) 시간이 지나면 지날수록 잊어버리는 것은?

수수께끼 riddle; puzzle　빚 debt　걸레 rag; mop

## 문형 연습 Pattern Practice

track 10

### 연 습 1

[ 보기 ]　**선생님** (T)　오늘 아침에도 조깅했어요?
　　　　**학　생** (S)　(춥다) 아니요, 하도 추워서 못 했어요.

1. T　일찍 일어났어요?
   S　(피곤하다) 아니요, ____________________.
2. T　지난 주말에 고향에 갔다 왔어요?
   S　(일이 많다) 아니요, ____________________.
3. T　날씨가 쌀쌀한데 춥지 않아요?
   S　(옷을 많이 입다) 아니요, ____________________.
4. T　과자 좀 드실래요?
   S　(점심을 많이 먹다) 아니요, ____________________.



### 연 습 2

[ 보기 ]　**선생님** (T)　무슨 구두를 신을 거예요?
　　　　**학　생** (S)　(어제 신었다) 어제 신었던 구두요.

1. T　무슨 음식을 만들 거예요?
   S　(어제 만들었다) ____________________.
2. T　무슨 음악을 들을 거예요?
   S　(아침에 들었다) ____________________.
3. T　무슨 주스를 마실래요?
   S　(아까 마셨다) ____________________.
4. T　무슨 노래를 부를 거예요?
   S　(어제 불렀다) ____________________.

## 연습 3

**[ 보기 ]** **선생님** (T) 나는 강아지가 무서워요.
**학 생** (S) (동생) 동생도 무서워해요.

1. T 나는 첫 월급을 타서 기분이 좋아요.
   S (아내) ____________________.
2. T 나는 날씨가 더워서 공부하기 힘들어요.
   S (친구) ____________________.
3. T 나는 그 이야기를 듣고 무척 슬펐어요.
   S (어머니) ____________________.
4. T 나는 오랜만에 친구를 만나서 기뻤어요.
   S (그 친구) ____________________.

## 연습 4

**[ 보기 ]** **선생님** (T) 한국어 공부가 재미있어요?
**학 생** (S) (하다) 네, 하면 할수록 재미있어요.

1. T 그 사람이 마음에 들어요?
   S (만나다) 네, ____________________.
2. T 달리기를 하면 건강해져요?
   S (달리기를 하다) 네, ____________________.
3. T 재즈 음악이 그렇게 좋아요?
   S (듣다) 네, ____________________.
4. T 이 음식은 차갑게 먹어야 맛있어요?
   S (차갑다) 네, ____________________.

# 15 전기를 아껴 쓰지 않으면 안 돼요

## Electricity should be conserved

**어 휘**

- 주거 생활
  Home life

**문법과 표현**

- V-게 하다
- A/V-(으)ㄹ걸(요)
- A/V-지 않으면 안 되다
- V-는 길에

**문형 연습**

## 어 휘 Vocabulary

**연 습 1** 집에 문제가 생겼습니다. 원인과 결과를 연결하여 문장을 만드세요.

| | |
|---|---|
| [ 보기 ] 보일러가 고장 났어요. • | • 전기가 나갔어요. |
| 1) 아파트 물탱크* 청소를 해요. • | • 천장에서 물이 새요. |
| 2) 욕조* 하수구가 막혔어요. • | • 소음이 심해요. |
| 3) 위층에서 아이들이 뛰어 놀아요. • | • 물이 안 내려가요. |
| 4) 변기에 비누가 빠졌어요. • | • 난방이 안돼요. |
| 5) 태풍 때문에 전봇대*가 쓰러졌어요. • | • 이상한 냄새가 나요. |
| 6) 음식물 쓰레기를 안 버렸어요. • | • 변기가 막혔어요. |
| 7) 지붕이 낡았어요. • | • 수돗물이 안 나와요. |

[ 보기 ] 보일러가 고장 나서 난방이 안돼요.

1) ______________________________.

2) ______________________________.

3) ______________________________.

4) ______________________________.

5) ______________________________.

6) ______________________________.

7) ______________________________.

물탱크 water tank 욕조 bathtub 전봇대 telephone pole

**연 습 2** 부동산에서의 대화입니다. 빈칸에 알맞은 단어를 써서 대화를 완성하세요.

| 계약서 | 계약 기간 | 보증금 | 공과금 |
|---|---|---|---|
| 연체료 | 포함되다 | 납부하다 | 밀리다 |

A : 어제 본 원룸을 계약하고 싶은데 1) ____________를 쓰기 전에 좀 여쭤볼 게 있는데요. 2) ____________ 1,000만 원에 월세가 40만 원이라고 하셨지요?

B : 네, 하지만 관리비와 공과금은 따로 3) ____________야 해요.

A : 관리비에는 무엇이 4) ____________나요?

B : 청소비와 인터넷 요금이 포함돼요.

A : 그럼 5) ____________은 뭐예요?

B : 전기 요금과 수도 요금, 그리고 난방비예요. 참, 공과금이 6) ____________면 7) ____________를 내야 하니까 조심하세요.

A : 네, 알겠습니다. 그리고 제가 2년 동안 한국에 살 예정인데 8) ____________을 2년으로 할 수 있을까요?

B : 월세는 보통 1년 계약을 해요. 1년 후에 다시 계약하면 돼요.

**연 습 3** 7월에 쓴 가계부입니다. 8월에는 돈을 아껴서 저축을 하려고 합니다. 8월 가계부 계획을 써 보고 [보기]처럼 이야기해 보세요.

수입
지출
늘다
줄다
아끼다
절약(하다)
낭비(하다)
저축(하다)

| 7월 | | 8월 | |
|---|---|---|---|
| 월세 | 450,000원 | | |
| 식비 | 150,000원 | | |
| 옷값 | 120,000원 | | |
| 교통비 | 50,000원 | | |
| 관리비 | 45,000원 | | |
| 전기 요금 | 25,000원 | | |
| 수도 요금 | 5,000원 | | |
| 전화 요금 | 55,000원 | | |
| 여행비 | 100,000원 | | |
| 저축 | 0 | | |
| 합계 | 1,000,000원 | | |

[ 보기 ]

A : 저는 식비를 절약해서 50,000원 정도 아낄 수 있을 것 같아요.

B : 저는 식비는 낭비라고 생각하지 않아요. 옷값과 교통비가 아까워요.

## 문법과 표현 Grammar and Expression

### 1. V-게 하다

**연 습 1** 유치원 선생님에게 아이를 맡기려고 합니다. 어떻게 해 주면 좋을지 부탁해 보세요.

1) 친구들과 사이좋게 ______게 해 주세요.

2) 낮잠을 자기 전에 우유를 ______게 해 주세요.

3) 점심을 먹은 후에 꼭 약을 ______게 해 주세요.

4) 사탕 같은 단 음식을 ______지 못하게 해 주세요.

5) 감기에 걸렸으니까 외출할 때 따뜻한 옷을 ______게 해 주세요.



**연 습 2** [보기]와 같이 대화를 완성하세요.

[ 보기 ] A : 유학 가서 살 집을 알아봐야 하는데 어떡하죠?
B : 먼저 유학 간 친구에게 알아보게 하면 어떨까요?

1) A : 친구가 수업 시간에 자꾸 조는데 어떡하죠?
B : ______________________________

2) A : 동생이 집에 오자마자 게임만 하는데 어떡하죠?
B : ______________________________

3) A : 요즘 우리 아이가 갑자기 눈이 나빠졌는데 어떡하죠?
B : ______________________________

4) A : 룸메이트가 아무 때나 남자 친구를 데리고 오는데 어떡하죠?
B : ______________________________

## 연습 3 딸이 남자 친구와 헤어진 후에 많이 힘들어해서 의사 선생님을 찾아갔습니다. 대화를 완성하세요.

나 : 제 딸이 남자 친구와 헤어진 후 방에서 나오지도 않아요.

의사 : 어두운 방에 혼자 있는 것은 안 좋아요. 방에서 1) 나오게 하세요.

나 : 그리고 계속해서 슬픈 음악만 듣고 있어요.

의사 : 슬픈 음악을 듣는 건 좋지 않아요.
2) ________________________________.

나 : 참, 일주일 동안 밥도 거의 먹지 않았어요.

의사 : 마음이 아플 때는 초콜릿 같은 단 음식을 3) ____________________.
단 음식을 먹으면 기분이 좋아지거든요.

나 : 다른 남자를 소개해 주는 건 어떨까요?

의사 : 네, 좋은 사람이 있으면 4) ________________________________.





## 연습 4 어떻게 하면 좋을까요? [보기]와 같이 대화를 완성하세요.

[ 보기 ] A : 직원들이 더 열심히 일하면 좋겠어요.
B : 직원들이 더 열심히 일하게 하려면 보너스를 많이 주세요.

1) A : 아이가 밤에 잠을 잘 자면 좋겠어요.
B : ________________________________.

2) A : 손님들이 물건을 더 많이 사면 좋겠어요.
B : ________________________________.

3) A : 짝사랑하는* 사람이 나를 좋아하면 좋겠어요.
B : ________________________________.

4) A : 남자 친구가 담배를 피우지 않으면 좋겠어요.
B : ________________________________.

짝사랑하다 to fall in unrequited love

## 2. A/V-(으)ㄹ걸(요)

**연 습 1** [보기]와 같이 대화를 완성하세요.

[ 보기 ] A : 집을 구하려고 하는데 빨리 구할 수 있을까요?
B : 지금이 이사 철이라서 쉽게 구할 수 없을걸요.

1) A : 전기 요금을 인터넷으로 내도 될까요?
B : 네, ______________________________.

2) A : 한국어 4급 과정*이 어려울까요?
B : 3급을 배웠으니까 ______________________________.

3) A : 외국 사람인데 한국 영화를 이해할 수 있을까요?
B : 자막*이 있으니까 ______________________________.

4) A : 여러 명이 한 집에서 살면 불편하지 않을까요?
B : 방이 여러 개니까 ______________________________.

**연 습 2** [보기]와 같이 대화를 완성하세요.

[ 보기 ] A : 조금 더 기다렸다가 집을 사면 집값이 좀 떨어질까요*?
B : 글쎄요. 아마 안 떨어질걸요.

1) A : 보일러가 고장 나면 집주인이 고쳐 줄까요?
B : ______________________________.

2) A : 인터넷에서 본 집을 믿고 계약해도 될까요?
B : ______________________________.

3) A : 한국이 언제 통일될까요*?
B : ______________________________.

4) A : 여자 친구에게 신발을 선물하면 여자 친구가 진짜 떠날까요?
B : ______________________________.

과정 course 자막 subtitles 값이 떨어지다 to have prices fall 통일되다 to be reunified

## 연 습 3 [보기]와 같이 대답해 보세요.

[ 보기 ] A : 아이에게 책을 사라고 돈을 줬는데 샀을까?
B : 엄마 말을 잘 듣는 아이니까 책을 샀을걸.

1) A : 어제 남자 친구가 바쁘다고 약속을 취소했는데 정말 바빴을까?
B : ______________________.

2) A : 스티븐이 역사책을 빌려 갔는데 다 읽었을까?
B : ______________________.

3) A : 남자 친구에게 도시락을 처음 싸 줬는데 맛있게 먹었을까?
B : ______________________.

4) A : 부모님이 고향에 잘 도착하셨을까?
B : ______________________.

## 연 습 4 다음 질문에 대답해 보세요. 정확하게 모르면 [보기]와 같이 'A/V-(으)ㄹ걸(요)'로 대답해 보세요.

[ 보기 ] 달팽이*는 이빨이 있을까요?
→ 달팽이는 이빨이 없을걸요. / 달팽이는 이빨이 많을걸요.

1) 귀뚜라미*의 귀는 어디에 있을까요?

2) 호랑이와 사자가 싸우면 누가 이길까요?

3) 미래의 사람들은 어떤 음식을 먹게 될까요?

4) 내년에 ______ 씨 나라의 경제 상황은 어떻게 될까요?

5) 만약 ______ 씨가 한국에서 계속 살겠다고 하면 가족들이 뭐라고 할까요?

달팽이 snail 귀뚜라미 cricket

## 3. A/V-지 않으면 안 되다

**연 습 1** [보기]와 같이 대화를 완성하세요.

[ 보기 ] A : 오늘 일 끝나고 같이 식사라도 할까요?
B : 미안해요. 아버지 생신이라서 일찍 들어가지 않으면 안 돼요.
미안해요. 아버지 생신이라서 일찍 안 들어가면 안 돼요.

1) A : 어떤 사람을 소개해 줄까요?
B : 우선 ______________________. (성격이 잘 맞다)
그리고 저하고 취미가 같으면 좋겠어요.

2) A : 날씨가 이렇게 추운데 운동하러 가요?
B : 저는 살이 쉽게 찌는 편이라 매일 ______________________. (운동하다)

3) A : 이번 연휴 때 뭐 할 거예요?
B : 보고서를 써야 해서 연휴에도 ______________________. (일하다)

4) A : 왜 그렇게 서둘러요?
B : 결혼식이 11시라서 지금 ______________________. (출발하다)

**연 습 2** 아래와 같이 문장을 바꿔 쓰세요.

< 한국 대학교 기숙사 규칙 >

1) 기숙사 문은 밤 12시에 잠깁니다. 외출 시 밤 12시 전에 돌아와야 합니다.
2) 새벽 1시 이후에는 꼭 불을 꺼야 합니다.
3) 쓰레기는 반드시 쓰레기봉투에 넣어서 버려야 합니다.
4) 기숙사 식당을 이용할 때는 꼭 학생증을 보여 줘야 합니다.
5) 방에서 요리하면 안 됩니다. 요리할 때는 1층 부엌을 이용해 주시기 바랍니다.

1) 외출 시 밤 12시 전에 돌아오지 않으면 안 됩니다.
2) ______________________.
3) ______________________.
4) ______________________.
5) ______________________.

## 연 습 3 친구들과 [보기]와 같이 이야기해 보세요.

[ 보기 ]

1) 회사 동료가 집들이를 해서 거기에 가야 한다.

2) 너무 무리했더니 몸살이 나서 쉬어야 한다.

3) 부모님이 편찮으셔서 고향에 내려가야 한다.

4) 월요일에 중요한 회의가 있어서 주말에 준비를 해야 한다.

## 연 습 4 여러분 고향의 예절에 대해 말해 보고 아래 문장을 완성하세요.

한국에서는…….  우리 고향에서는…….

1) 집에 들어갈 때

신발을 벗지 않으면 안 됩니다.

______________________________.

2) 식사할 때

숟가락과 젓가락을 사용하지 않으면 안 됩니다.

______________________________.

3) 웃어른과 인사할 때

고개를 숙여서 인사하지 않으면 안 됩니다.

______________________________.

4) ____________________

______________________________.

______________________________.

## 4. V-는 길에

**연 습 1** [보기]와 같이 대화를 완성하세요.

> [ 보기 ] A : 지금 밖에 나가는데 뭐 필요한 거 없어요?
> B : 미안하지만 <u>집에 오는 길에</u> 우유 좀 사 오세요.
> (집에 오다)

1) A : 오늘 집에 일찍 들어올 거지요?
   B : 친구가 입원을 해서 ____________________ 잠깐 들러야 해요.
   (퇴근하다)

2) A : 관리비가 밀려서 오늘까지 내야 하는데 은행 갈 시간이 없네.
   B : ____________________ 내가 내고 갈게.
   (학교 가다)

3) A : 사고 싶은 책이 있는데 나가기가 너무 귀찮아요.
   B : 그럼 내가 ____________________ 사 올게요.
   (나갔다 오다)

4) A : 왜 이렇게 늦었어요? 고속도로가 많이 막혔어요?
   B : 아니요, 너무 졸려서 ____________________ 휴게소에서 쉬다가 왔어요.
   (올라오다)

**연 습 2** 친구의 문제를 듣고 해결해 주세요.

1) "냉장고가 텅 비었는데* 장을 볼 시간이 없어."

2) "오늘은 몸이 좀 안 좋아서 아침부터 굶었어.*"

3) "내일 예식장에 가야 하는데 입을 옷이 없어."

4) "요즘 욕조에 물이 잘 안 내려가서 불편해."

1) 걱정하지 마. 내가 ________________ 먹을 걸 좀 사 올게.

2) 아픈데 굶어서 어떡해. 내가 이따가 ________________ 잠깐 들러서 죽이라도 끓여 줄게.

3) 얼마 전에 새로 산 정장이 있는데 빌려줄까? 내가 ________________ 가져다줄게.

4) 우리 집 앞에 수리 센터가 있으니까 ________________ 수리 기사한테 한번 물어볼게.

텅 비다 to be completely empty 굶다 to starve

**연 습 3** 빈칸에 알맞은 말을 골라 대화를 완성하세요.

| 학교에 가다 | 운동 갔다 오다 | 수업하러 가다 |
|---|---|---|

●●●●● 10:00 100%

‹ Messages

내일이 줄리앙 씨 생일이래요. 알고 있었어요?

아니요, 전혀 몰랐어요. 내일 생일 파티를 해야겠네요?

네. 그래서 오늘 저녁에
1) ________________에 케이크를 사려고요.

그럼 저는 꽃을 준비할게요. 오늘은 시간이 없는데
내일 아침 2) ________________에 사도 되겠지요?

그럼요. 참, 이따가 정우 씨를 만나기로 했는데요.

네. 정우 씨에게 혹시 바쁘면 3) ________________에
잠깐 들러도 좋으니까 꼭 와 달라고 전해 주세요.

**연 습 4** 빈칸에 알맞은 말을 넣어 문장을 완성하세요.

검색

**켈리** 아사코 씨, 저 다음 달에 호주에 다녀올 계획이에요.
그런데 고향에 1) ____________________에 일본에 잠깐 들를까 해서요.
혹시 만날 수 있을까요?

**아사코** 물론이지요. 일본에 오면 꼭 연락 주세요. 같이 재미있게 놀아요.

**켈리** 기대하고 있을게요. 그런데 뭐 필요한 거 없어요?
제가 일본에 2) ____________________에 사 갈게요.

# 문형 연습 Pattern Practice

track 11

## 연습 1

[ 보기 ] 선생님 (T) 이사하려면 빨리 집을 알아봐야겠네요.
학 생 (S) 그래서 친구에게 집을 알아보게 했어요.

1. T 파티하려면 음식을 준비해야겠네요.
   S ____________________.
2. T 여행 가려면 비행기 표를 예약해야겠네요.
   S ____________________.
3. T 불고기를 만들려면 고기를 사 와야겠네요.
   S ____________________.
4. T 손님을 초대하려면 집을 청소해야겠네요.
   S ____________________.



## 연습 2

[ 보기 ] 선생님 (T) 집을 구하려면 어디에 물어봐야 하는지 아세요?
학 생 (S) (부동산) 부동산에 물어봐야 할걸요.

1. T 한국어 책을 어디에서 파는지 아세요?
   S (학교 서점) ____________________.
2. T 등록금을 어디에 내야 하는지 아세요?
   S (사무실) ____________________.
3. T 물이 새는데 누구한테 말하면 되는지 아세요?
   S (집주인) ____________________.
4. T 누가 한자를 잘 아는지 아세요?
   S (샤오밍 씨) ____________________.

## 연 습 3

[ 보기 ] **선생님** (T) 외국어 공부는 매일 해야 해요.
**학 생** (S) 외국어 공부는 매일 하지 않으면 안 돼요.

1. T 운동 효과를 보려면 매일 30분 이상 운동해야 해요.
   S ______________________________.
2. T 여행을 가려면 이번 주까지 여행사에 돈을 입금해야 해요.
   S ______________________________.
3. T 비행기를 타려면 출발 3시간 전까지 공항에 가야 해요.
   S ______________________________.
4. T 날씨가 아직 쌀쌀해서 긴바지를 입어야 해요.
   S ______________________________.

## 연 습 4

[ 보기 ] **선생님** (T) 편지를 부쳐야 하는데…….
**학 생** (S) (학교 가다) 학교 가는 길에 내가 부칠게.

1. T 전화 요금을 내야 하는데…….
   S (밖에 나가다) ______________________________.
2. T 음식물 쓰레기를 버려야 하는데…….
   S (출근하다) ______________________________.
3. T 우유가 다 떨어져서 사야 하는데…….
   S (집에 오다) ______________________________.
4. T 세탁소에 겨울 양복을 맡겨야 하는데…….
   S (운동하러 가다) ______________________________.

# 복습 5

## 어휘와 문법 Vocabulary and Grammar

### 1. 정리하기

#### 어휘

| | | | | |
|---|---|---|---|---|
| 13과 | 집들이<br>돌잔치<br>송년회<br>송별회<br>동창회 | (방을) 꾸미다<br>(상을) 차리다<br>(선물을) 마련하다<br>(손님을) 대접하다<br>(옷을) 차려입다 | (넥타이를) 매다<br>(반지를) 끼다<br>(귀고리를) 하다<br>(시계를) 차다<br>(가방을) 들다<br>(배낭을) 메다 | 충분하다<br>모자라다<br>남다<br>부족하다 |
| 14과 | 여유가 있다/없다<br>활기차다<br>평화롭다<br>공기가 맑다<br>공해가 심하다<br>따분하다<br>시간 가는 줄 모르다<br>편의 시설이 잘되어 있다<br>불편하다 | 정원(을) 가꾸다<br>잔디(를) 깎다<br>채소(를) 심다<br>농사(를) 짓다<br>가축(을) 키우다<br>물고기(를) 잡다 | 사라지다<br>생기다<br>변하다<br>몰라보다<br>상상이 되다/안되다 | |
| 15과 | 수돗물이 안 나오다<br>전기가 나가다<br>변기가 막히다<br>물이 새다<br>소음이 심하다<br>난방이 안되다<br>이상한 냄새가 나다<br>물이 안 내려가다 | 계약서<br>계약 기간<br>계약하다<br>보증금<br>공과금<br>연체료<br>포함되다<br>납부하다<br>밀리다 | 지출<br>수입<br>늘다<br>줄다<br>아끼다<br>절약하다<br>낭비하다<br>저축하다 | |

# 문법

| | | |
|---|---|---|
| 13과 | A/V-(으)ㄹ까 봐 | • 재료가 모자**랄까 봐** 넉넉하게 준비했어요. |
| | V-고 있다 | • 민수 씨는 파란색 양복에 줄무늬 넥타이를 매**고 있어요**. |
| | A/V-았어야/었어야 했는데 | • 모임에 꼭 참석**했어야 했는데** 아파서 못 갔어요. |
| | V-도록 | • 음식이 모자라지 않**도록** 충분히 준비하세요. |
| 14과 | 하도 A/V-아서/어서 | • 어제는 **하도** 피곤**해서** 저녁을 먹자마자 잤어요. |
| | A/V-았던/었던 | • 우리가 처음 만**났던** 곳은 명동이었어요. |
| | A-아/어하다 | • 동생이 개를 무서**워해서** 강아지를 못 키워요. |
| | A/V-(으)면 A/V-(으)ㄹ수록 | • 살**면 살수록** 시골이 더 좋아지는 것 같아요. |
| 15과 | V-게 하다 | • 부엌 하수구가 막혀서 수리 기사를 오**게 했어요**. |
| | A/V-(으)ㄹ걸(요) | • 전기 요금이 밀리면 연체료를 내야 **할걸요**. |
| | A/V-지 않으면 안 되다 | • 물을 아껴 쓰**지 않으면 안 됩니다**. |
| | V-는 길에 | • 시장에 가**는 길에** 은행에 들러서 돈을 찾아요. |

## 2. 확인하기

### 어휘 확인

1. 다음 빈칸에 알맞은 말을 찾아 쓰세요.

| 매다 | 메다 |
|---|---|

1) 우리 형은 아침마다 넥타이를 ______________고 출근해요.
2) 가방을 드는 것보다 어깨에 ______________는 것이 더 편해요.

| 썰다 | 깎다 |
|---|---|

3) 김치 볶음밥을 만들려고 김치를 잘게 ______________요.
4) 아이의 손톱이 너무 길어서 짧게 ______________아 줬어요.

| 아끼다 | 아깝다 |
|---|---|

5) 전기를 ______________서 쓰지 않으면 전기 요금이 너무 많이 나올걸요.
6) 여행 가서 필요 없는 물건을 많이 샀어요. 생각해 보니 돈이 ______________요.

2. 반대되는 말을 찾아 연결하고 알맞은 표현을 넣어 문장을 완성하세요.

| | |
|---|---|
| 공기가 맑다 • | • 낭비하다 |
| 따분하다 • | • 공해가 심하다 |
| 늘다 • | • 줄다 |
| 절약하다 • | • 시간 가는 줄 모르다 |

1) ___________________던 마을에 공장이 생겨서 ___________________졌다.
2) 방학 때 아이가 _________________해서 게임기를 사 줬더니 _________________고 게임만 해요.
3) 요즘에는 시골에도 아파트가 __________고 농사를 지을 땅은 __________고 있다.
4) 인터넷 덕분에 시간과 노력을 많이 __________________ 수 있게 되었지만 오히려 인터넷을 하면서 시간을 _________________는 사람도 많다.

## 문법 확인

1. 다음에서 적당한 문형을 골라서 대화를 완성해 보세요.

| 하도 A/V-아서/어서 | A/V-(으)면 A/V-(으)ㄹ수록 | V-게 하다 |
|---|---|---|
| A/V-지 않으면 안 되다 | A/V-(으)ㄹ걸(요) | V-도록 |

1) A : 왜 이사를 가려고 하세요?
   B : ______________________.

2) A : 샤오밍 씨도 생선회를 잘 먹을까요? 싫어하면 어떡하죠?
   B : ______________________.

3) A : 그 사람을 만나 보니까 어때요?
   B : ______________________.

4) A : 아이가 계속 울기만 하고 자지는 않네요. 어떻게 재우지요?
   B : ______________________.

5) A : 어떻게 하면 발표를 잘할 수 있을까요?
   B : ______________________.

6) A : 생활비를 아끼려면 어떻게 해야 해요?
   B : ______________________.

2. 다음 문장에서 틀린 부분을 찾아 맞게 고쳐 보세요.

1) 시험을 잘 볼까 봐 열심히 공부했어요.
   → ______________________.

2) 언니가 결혼할 때 입던 드레스를 나에게 주었어요.
   → ______________________.

3) 마이클 씨가 한국어 쓰기 숙제를 어려워서 내가 도와줬어요.
   → ______________________.

## 3. 평가하기

제한 시간 15분 내 점수 : / 17

**[1–3] 무엇에 대한 이야기입니까? 알맞은 것을 고르십시오.**

1. 친한 언니가 최근에 이사했는데 이번 주말에 우리를 초대해서 저녁을 대접한대요.
   ① 집들이 ② 돌잔치 ③ 송별회 ④ 동창회

2. 어제 관리비를 냈어야 했는데 깜빡 잊어버렸어요. 늦게 내면 돈을 더 내야 하는데…….
   ① 계약금 ② 전기 요금 ③ 연체료 ④ 보증금

3. 도시는 자동차가 많아서 공기가 안 좋아요. 깨끗한 하늘을 보기가 어려워요.
   ① 편의 시설 ② 여유 ③ 평화 ④ 공해



**[4–7] 빈칸에 제일 알맞은 것을 고르십시오.**

4. 명절에 손님이 많이 와서 ( ) 힘들었지요?
   ① 키우느라고 ② 꾸미느라고
   ③ 마련하느라고 ④ 대접하느라고

5. 요즘에는 도시에서도 농사를 ( ) 사람이 많아졌어요.
   ① 짓는 ② 잡는
   ③ 가꾸는 ④ 키우는

6. 화장실 천장에서 물이 ( ). 위층 화장실에 문제가 있는 것 같아요.
   ① 새요 ② 나가요
   ③ 안 돼요 ④ 안 나와요

7. 공과금은 한 달에 한 번 은행에 가서 ( ) 되고 자동이체를 해도 돼요.
   ① 밀려도 ② 포함해도
   ③ 납부해도 ④ 계약해도

**[8-10] 다음 밑줄 친 부분과 바꿀 수 있는 것을 고르십시오.**

8. 집에만 있으면 <u>심심하지</u> 않아요? 같이 산책이라도 할래요?
   ① 활기차지 ② 따분하지
   ③ 평화롭지 ④ 불편하지

9. 세상에서 제일 어려운 일이 아이를 <u>키우는</u> 일인 것 같아요.
   ① 기르는 ② 미루는
   ③ 꾸미는 ④ 차리는

10. 배낭여행 갈 돈을 <u>모으기</u> 위해 편의점 아르바이트를 시작했어요.
   ① 잡기 ② 내기
   ③ 저축하기 ④ 절약하기

**[11-14] 빈칸에 제일 알맞은 것을 고르십시오.**

11. 길이 (                    ) 택시에서 내려서 지하철을 탔어요.
   ① 하도 막혀서 ② 막히지 않으면
   ③ 막혔어야 했는데 ④ 막히면 막힐수록

12. 발표할 때 (                    ) 미리 여러 번 연습했어요.
   ① 실수했던 ② 실수하도록
   ③ 실수할까 봐 ④ 실수하지 않으면 안 되기 때문에

13. 한라산의 경치가 (                    ) 더 멋있었어요.
   ① 올라가도록 ② 올라갈까 봐
   ③ 올라가는 길에 ④ 올라가면 올라갈수록

14. 장례식에는 까만색 넥타이를 (                    ) 가야 해요.
   ① 매어 ② 매고
   ③ 매게 ④ 매도록

**[15-17] 다음 밑줄 친 부분과 의미가 비슷한 것을 고르십시오.**

15. 직원들이 피곤할 때 쉴 수 있도록 회사 안에 직원 휴게실을 만들었어요.

① 쉴 수 있게 ② 쉴 수 있어서
③ 쉴 수 있으려면 ④ 쉴 수 있으니까

16. 부산에 가는 길에 경주에 들러서 구경했어요.

① 가더니 ② 가다가
③ 가기 위해 ④ 갈 때마다

17. 고등학교 때 더 열심히 공부했어야 했는데…….

① 공부했거든요 ② 공부했을걸요
③ 공부했다고 해요 ④ 공부할걸 그랬어요

## 듣기 Listening

track 12 내 점수 : / 16

**[1] 잘 듣고 알맞은 그림을 고르십시오.**

①

②

③

④

**[2] 다음은 무엇에 대한 글입니까?**

① 스마트폰으로 대화하기　② 스마트폰으로 공부하기
③ 스마트폰으로 사람 찾기　④ 스마트폰 하는 시간 줄이기

**[3-5] 다음 대화를 잘 듣고 이어질 수 있는 말을 고르십시오.**

3. ① 응, 정말 불편해 보인다.
② 그래, 교환하는 게 좋겠다.
③ 바지 정장보다는 치마 정장이 잘 어울린다.
④ 그래도 정장을 입고 가는 게 좋지 않을까?

4. ① 아니야, 민수하고 인사하도록 해.
② 동창회에 오는 길에 민수를 봤어.
③ 민수가 동창회에 안 온 줄 몰랐어.
④ 정말? 민수가 하도 달라져서 몰라봤어.

5. ① 네, 농사짓는 게 힘들어서 포기했어요.
② 그럼요. 고마워하지 않으면 안 돼요.
③ 그냥 받으세요. 나누면 나눌수록 더 기분이 좋아요.
④ 미안해요. 제가 선물을 드렸어야 했는데 준비를 못 했어요.

**[6-8] 다음 대화를 잘 듣고 여자가 이어서 할 행동으로 알맞은 것을 고르십시오.**

6. ① 하늘색 재킷을 사러 간다.
② 색깔 있는 원피스로 갈아입는다.
③ 흰색 원피스 위에 재킷을 입는다.
④ 회색 원피스를 입고 결혼식을 한다.

7. ① 시골로 이사한다.
② '지원 센터'에 간다.
③ '지원 센터'에 전화한다.
④ 인터넷으로 '지원 센터'를 찾아본다.

8. ① 컴퓨터를 켠다.
② 컴퓨터를 끈다.
③ 아빠한테 컴퓨터를 가르친다.
④ 아빠한테 컴퓨터를 쓰게 한다.

**[9-10] 다음을 듣고 내용과 일치하는 것을 고르십시오.**

9. ① 여자는 아이에게 점심을 먹여야 한다.
② 여자는 피아노 연습을 열심히 해야 한다.
③ 여자는 아이에게 간식을 만들어 줘야 한다.
④ 여자는 아이를 유치원까지 데려다줘야 한다.

10. ① 팥떡을 먹으면 감기가 빨리 낫는다.
② 이사할 때 떡을 돌리면서 인사한다.
③ 이사할 때 옆집에 주로 송편을 준다.
④ 새로운 생활을 시작할 때 떡이 중요하다.

**[11–12] 다음을 듣고 남자의 중심 생각을 고르십시오.**

11. ① 도로가 생기면 교통이 불편해진다.
② 교통이 편해지면 생활도 편해질 것이다.
③ 편리한 교통보다 여유 있는 생활이 더 중요하다.
④ 도로가 생기면 편의 시설을 쉽게 이용할 수 있다.

12. ① 전기 제품은 사용하지 않으면 않을수록 좋다.
② 전기를 낭비하는 습관을 꼭 고칠 필요는 없다.
③ 컴퓨터를 잠깐이라도 사용하지 않을 때는 꼭 꺼야 한다.
④ 전원을 끄는 것보다 더 중요한 것은 제대로 알고 절약하는 것이다.

**[13–14] 다음을 듣고 물음에 답하십시오.**

13. 여자는 누구입니까?
① 집주인
② 수리 센터 직원
③ 월세 사는 사람
④ 보일러 회사 직원

14. 들은 내용과 맞는 것을 고르십시오.
① 남자가 수리비를 낼 것이다.
② 남자가 수리 센터에 전화할 것이다.
③ 보일러는 옛날부터 자주 고장이 났다.
④ 남자가 잘못해서 보일러가 고장 났다.

**[15–16] 다음을 듣고 물음에 답하십시오.**

15. 남자의 생각으로 맞는 것을 고르십시오.
① 정장을 입어야 일을 잘할 수 있다.
② 회사원은 모두 정장을 입어야 한다.
③ 편한 옷차림으로 일하면 좋은 아이디어가 잘 떠오른다.
④ 정장을 입으면 깔끔해 보이고 좋은 이미지를 줄 수 있다.

16. 들은 내용과 맞는 것을 고르십시오.

① 집에서 일할 때도 정장을 입어야 한다.

② 회사에서 일할 때 컴퓨터 게임을 하면 안 된다.

③ 회사원들은 모두 매일 야근하고 주말에도 일해야 한다.

④ 고객을 만나는 일을 하는 회사원은 옷차림에 신경을 써야 한다.

## 읽기와 쓰기 Reading and Writing

제한 시간 20분 내 점수 : / 16

[1] 다음은 무엇에 대한 글인지 고르십시오.

> 은지가 태어난 지 벌써 1년이 되었습니다. 꼭 오셔서 은지의 첫 번째 생일을 축하해 주세요.

① 송년회 ② 돌잔치
③ 동창회 ④ 집들이

[2] 다음 밑줄 친 부분과 의미가 비슷한 것을 고르십시오.

> 내가 자주 가는 식당에서는 밥이나 반찬의 양이 부족하면 무료로 더 준다.

① 남으면 ② 대접하면
③ 마련하면 ④ 모자라면

[3] 다음 글의 내용과 같은 것을 고르십시오.

> 작년에 학생이 6명밖에 없었던 대운 초등학교는 올해 신입생이 30명으로 늘었다. 이 학교는 다른 시골 학교들처럼 학생 수가 부족해서 곧 학교 문을 닫을 예정이었다. 이 소식을 들은 동창생들은 돈을 모아 16인승 버스를 마련해서 집이 먼 학생들이 편하게 학교에 다닐 수 있도록 도왔다. 그리고 학교 1층에 작은 도서관과 컴퓨터실을 만들어 주었다. 덕분에 학교에는 학생 수가 늘었고 학교는 문을 닫지 않게 되었다.

① 대운 초등학교는 학생 수가 부족해 문을 닫았다.
② 학교가 문을 닫지 않은 건 학생들이 노력했기 때문이다.
③ 최근 초등학생 수가 많아져서 학교와 선생님이 부족하다.
④ 동창생들은 돈을 모아서 학교에 버스와 컴퓨터실을 마련해 주었다.

[4] **다음을 순서대로 맞게 나열한 것을 고르십시오.**

<싸게 여행 가는 방법>

(가) 일요일에 출발하면 저렴한 가격에 남들보다 여유 있는 여행을 즐길 수 있다.
(나) 해외여행을 싸게 가고 싶으면 늦어도 6개월 전에는 비행기 표를 예약해야 한다.
(다) 혹시 미리 예약을 하지 못했다면 일요일에 출발하는 여행 상품을 검색해 보자.
(라) 빨리 예약하면 예약할수록 항공료가 저렴해지기 때문이다.

① (가)–(다)–(라)–(나) ② (나)–(라)–(다)–(가)
③ (나)–(가)–(라)–(다) ④ (가)–(라)–(다)–(나)

[5–6] **다음을 읽고 물음에 답하십시오.**

월세를 구하기 위해 방을 보러 갈 때에는 되도록 낮 시간에 가는 게 좋다. 밤에는 방이 밝은지 어두운지 알 수 없기 때문이다. 또 부엌과 화장실에 물이 잘 나오는지 직접 틀어 보지 않으면 안 된다. 그리고 현재 살고 있는 사람에게 불편한 점은 없는지 꼼꼼하게 물어본다. 마지막으로 계약하기 전에 전기 요금이나 수도 요금, 인터넷 사용 요금이 방값에 포함되는지 알아보고 ( ㉠ )을 어떻게 납부하는지 미리 확인해 두어야 한다.

5. ( ㉠ )에 들어갈 알맞은 것을 고르십시오.
① 난방 ② 지출
③ 공과금 ④ 계약서

6. 이 글의 내용과 같은 것을 고르십시오.
① 집을 구할 때 가장 중요한 것은 방값이다.
② 부엌과 화장실에 물이 잘 나오는지 확인해야 한다.
③ 전기 요금과 수도 요금이 방값에 포함되는 곳으로 정한다.
④ 집이 밝은지 알기 위해 낮과 밤에 한 번씩 방문해 보는 게 좋다.

**[7-8] 다음을 읽고 물음에 답하십시오.**

꽃샘추위가 계속되고 있지만 백화점에는 노란색과 분홍색의 봄옷이 가득하다. 옷차림에 신경을 쓰는 직장 여성들은 겨울 내내 입었던 두꺼운 겨울옷 대신 가벼운 재킷을 입기 시작했다. 그런데 한겨울 날씨보다 요즘처럼 일교차가 클 때 더 감기에 걸리기 쉬우니 조심해야 한다. 두꺼운 겨울옷이 싫다면 대신 얇은 옷을 여러 개 겹쳐 입거나 쉽게 입었다가 ( ㉠ ) 간편한 겉옷을 준비하는 게 좋다. 마지막으로 목에는 밝은 색의 스카프를 매면 감기 예방도 되고 패션 감각도 있는 멋진 봄철 옷차림이 될 것이다.

7. ( ㉠ )에 알맞은 말을 고르십시오.
① 벗었던 ② 벗을수록
③ 벗었는데도 ④ 벗을 수 있도록

8. 이 글의 중심 생각을 고르십시오.
① 봄에 두꺼운 옷을 입으면 보기에 좋지 않다.
② 날씨가 추워도 직장 여성들은 옷을 잘 차려 입어야 한다.
③ 일교차가 큰 날씨에는 코트와 점퍼를 입어서 건강을 지켜야 한다.
④ 일교차가 큰 봄철에는 건강을 위해 얇은 옷을 많이 입거나 스카프를 매는 게 좋다.

**[9] 다음 글에서 〈보기〉의 문장이 들어가기에 가장 알맞은 곳을 고르십시오.**

면접을 보러 갈 때에는 옷차림에 신경을 써야 한다. ( ㉠ ) 면접장에는 검정색 정장에 흰색 셔츠를 입고 가는 게 가장 좋다. ( ㉡ ) 그리고 크고 화려한 액세서리를 하는 것은 좋지 않다. ( ㉢ ) 이러한 모습이 면접관에게 성실하지 못하다는 느낌을 줄 수 있다. ( ㉣ ) 여성의 경우 화장도 너무 진하지 않게 자연스럽게 하는 것이 중요하다.

〈보기〉 옷차림이 그 사람의 첫인상을 결정하기 때문이다.

① ㉠ ② ㉡ ③ ㉢ ④ ㉣

[10] **다음 글의 주제로 가장 알맞은 것을 고르십시오.**

서울에서 직장 생활을 하던 김영남 씨는 곧 고향으로 내려가서 농사짓는 부모님을 도우며 살 계획이다. 그는 대학을 졸업하자마자 꽤 괜찮은 중소기업에 취직을 했기 때문에 열심히 저축하면 서울에서 집도 사고 결혼도 할 수 있을 거라고 생각했다. 그런데 그가 받는 월급에서 방값과 생활비를 빼면 은행에서 빌린 대학 등록금을 갚기에도 충분하지 않았다. 여자 친구가 생겼지만 결혼은 꿈도 꿀 수 없었고 미래를 생각하면 마음이 답답했다. 편의 시설이 부족한 시골에서의 생활이 불편할 때도 있겠지만 그는 이제 좀 더 여유 있게 살고 싶다고 한다. 이처럼 최근 도시 생활에 지쳐서 지방으로 내려가는 젊은이들이 많아지고 있다.

① 시골은 젊은 사람들이 살기에 따분하고 불편하다.
② 은퇴한 노인들은 평화롭고 조용한 시골에서 살기를 원한다.
③ 젊은 사람들은 자신들의 미래를 위해서 도시에서 살기를 원한다.
④ 최근 생활의 여유를 찾기 위해서 도시를 떠나는 젊은이들이 많아지고 있다.



[11–13] **다음을 읽고 물음에 답하십시오.**

얼마 전 대전시의 한 아파트에서는 층간 소음 문제로 이웃끼리 싸우다가 경찰이 출동한 일이 있었다.

사람들이 이처럼 소리 때문에 스트레스를 받는 이유는 무엇일까? 대부분의 사람들은 청소기나 세탁기 소리, 뛰어다니는 소리를 들으면 (　　　㉠　　　) 이것이 바로 소음이다. 어떤 사람들은 이런 소음을 계속 들으면 잠을 잘 못 자거나 스트레스를 받아서 몸과 마음에 병이 나기도 한다.

그렇다면 층간 소음을 예방하려면 어떻게 해야 할까? 아파트는 다른 사람과 함께 사는 공간이다. 우리 집 바닥은 이웃의 천장이라는 것을 기억하지 않으면 안 된다. 만약에 아이가 있다면 이웃에게 미리 아이를 보여 주고 서로 친하게 지내는 것도 큰 도움이 된다. 이웃끼리 잘 알고 지내면 좀 시끄러워도 스트레스를 덜 받기 때문이다

11. (　　　㉠　　　)에 가장 알맞은 것을 고르십시오.

① 병에 걸리는데　　② 기분이 좋아지는데
③ 불쾌하다고 느끼는데　　④ 스트레스가 풀리는데

12. 필자가 이 글을 쓴 목적을 고르십시오.
    ① 소음의 뜻에 대해 알려 주려고
    ② 이웃과 싸우지 않는 방법을 알려 주려고
    ③ 조용한 아이로 키우는 방법을 알려 주려고
    ④ 층간 소음을 예방할 수 있는 방법을 알려 주려고

13. 이 글의 내용과 같은 것을 고르십시오.
    ① 아파트에 사는 사람들은 이웃과 친해지기 어렵다.
    ② 소음을 계속 들으면 익숙해져서 느낄 수 없게 된다.
    ③ 같은 소음이라도 잘 알고 지내는 이웃의 시끄러운 소리는 참기가 쉽다.
    ④ 청소기나 세탁기 같은 소음이 심한 전자 제품을 아파트에서 사용하면 안 된다.

**[14-15] 다음을 읽고 (                    )에 들어갈 말을 각각 한 문장으로 쓰십시오.**

> **송년회에 동창 여러분을 초대합니다!**
>
> 사랑하는 관악 고등학교 동창회 여러분,
>
> 달력의 첫 장을 넘긴 것이 엊그제 같은데 벌써 올해도 한 달밖에 남지 않았습니다. 한 해 동안 기쁜 일, 슬픈 일, 즐거운 일, 괴로운 일이 많았겠지만 뒤돌아보면 모두가 감사한 일들입니다. 우리 함께 모여서 14. (                                        )고 새해의 계획도 이야기해 봅시다. 연말이라 모두 바쁘겠지만 15. (                                        )
>
> 일시 : 12월 20일 오후 7시부터
> 장소 : 서울 강남호텔
> 회비 : 5만 원

[16] **다음을 주제로 하여 자신의 생각을 쓰십시오. (200~300자)**

- 어렸을 때 여러분이 살던 마을이나 도시는 어떤 모습이었습니까?
- 현재 고향은 어떻게 변했습니까?
- 고향의 현재 모습 중에서 좋은 점은 무엇입니까?
  또 미래에 변했으면 좋겠다고 생각하는 부분과 그 이유는 무엇입니까?

**내 고향의 과거와 현재**

## 발음 Pronunciation

### 1. 잘 들어 보세요. track 13

1. 잔디를 밟지 마세요.
2. 지하철역이 가까워서 교통이 편리해요.
3. 어디 갔다 와요?

### 2. 잘 듣고 발음에 주의하여 읽어 보세요. track 14

1. 이 바지는 너무 짧고 통이 넓어서 못 입겠어요.
2. 고향에는 일 년에 한 번 설날에만 가요.
3. 오늘 누구 만나러 가요? – 네, 약속이 있어요.

### 3. 친구와 연습해 보세요. track 15

1. A : 팔이 짧아서 책장 위에 있는 책을 꺼낼 수가 없어.
   B : 그럼 이 의자를 밟고 올라가 봐.

2. A : 우리 언제 밥이라도 같이 먹을까요?
   B : 좋아요. 제가 시간 날 때 연락할게요.

3. A : 집이 넓고 깨끗해서 마음에 드네요.
   B : 네, 교통도 편리해서 인기가 좋은 아파트예요.

4. A : 왜 그래요? 어디 다쳤어요?
   B : 아니요, 괜찮아요. 끓는 물에 손을 델 뻔했어요.

## 말하기 Speaking

다음 그림을 보고 친구에게 이야기해 주세요.

1.

2.

## 역할극 하기 Role-play

**A와 B로 역할을 나누어 이야기해 보세요.**

1. 누가 어떤 역할을 할지 정하세요.

| A | B |
|---|---|
| 은퇴 후 도시 생활을 정리하고 고향에 내려왔습니다. 여유로운 시골 생활에 만족하고 있었는데 갑자기 우리 동네에 공장이 생긴다는 말을 들었습니다. 공장이 생기면 공해가 심해지고 환경도 나빠질 텐데 걱정입니다. 그래서 주민들과 함께 공장 건설에 반대하려고 합니다. | 저는 오랫동안 시골에서 살았습니다. 그러나 다니던 회사가 문을 닫고 일자리를 찾지 못해서 고향을 떠날 생각을 하고 있었습니다. 그런데 우리 동네에 공장이 지어질 예정이라고 합니다. 공장이 생기면 일자리도 많아지고 동네가 활기차게 변할 것 같습니다. |

2. 잠깐 생각해 봅시다.

| A | B |
|---|---|
| **1. 인사**<br>• 자기소개하기<br>(이름, 사는 곳, 시골에 내려와서 살게 된 이유…….) | **1. 인사**<br>• 자기소개하기<br>• 시골 생활에 대해 묻기<br>(생활의 어려움, 불편한 점…….) |
| **2. 도시 생활과 시골 생활을 비교하고 시골 생활의 장점 말하기**<br>(맑은 공기, 여유로운 생활…….) | **2. 시골 생활의 어려움에 대해 이야기하기**<br>(일자리 부족, 도시로 떠나는 젊은이…….) |
| **3. 공장 건설에 대한 불만 제기하기**<br>(공장 건설의 문제점, 반대 이유) | **3. 마을에 공장을 지어야 하는 이유 설명하고 해결 방법 제안하기** |
| **4. 시골의 자연환경을 보호하면서 경제적으로도 더 잘살 수 있는 방법 제안하기** | **4. 젊은 사람들도 살고 싶어 하는 마을을 만들기 위해 해야 할 일 이야기하고 함께 노력해 달라고 부탁하기** |

3. 친구와 역할극을 해 보세요.

# 16 가야금이 사람 키만 해요

## A zither is as tall as a person

**어 휘**

- 심리 상태, 모양 묘사
  Mental states, describing shapes

**문법과 표현**

- N만 하다
- V-(으)ㄹ 생각도 못 하다
- V-(으)ㄹ 만하다
- A/V-기로 유명하다, N(으)로 유명하다

**문형 연습**

## 어 휘 Vocabulary

**연 습 1** 알맞은 단어를 넣어 [보기]와 같이 대화를 완성하세요.

| 마음이 편안해지다 | 신이 나다 | 가슴이 뛰다 |
|---|---|---|
| 마음에 여유가 생기다 | 힘이 나다 | 가슴이 설레다 |

[ 보기 ] A : 이 목도리를 직접 만드셨다고요?
B : 네. 저는 뜨개질*하는 걸 좋아해요. 뜨개질을 하고 있으면 마음이 편안해지거든요.

1) A : 번지 점프를 해 보니까 어땠어요? 저는 생각만 해도 떨리는데요.
B : 저도 처음에는 떨리고 ____________________서 숨을 쉴 수가 없었어요. 하지만 해 보니까 정말 재미있던데요.

2) A : 스티븐 씨는 주말마다 캠핑을 간다고 들었어요. 캠핑을 정말 좋아하나 봐요.
B : 네, 잠시 붐비는 도시를 떠나 자연 속에서 하루를 지내면 ____________________는 것 같아요.

3) A : 드럼을 배워 보니까 어때요?
B : 배우면 배울수록 더 ____________________요. 스트레스가 확 풀려요.

4) A : 이번에 유럽으로 여행을 떠난다면서요? 정말 좋겠어요.
B : 네, 한 달 정도 유럽에서 지낼 계획인데 ____________________서 잠도 잘 안 와요.

**연 습 2** 다음 물건의 모양과 느낌을 써 보세요.

| 세모 | 네모 | 동그라미 | 평평하다 | 거칠다 |
|---|---|---|---|---|
| 뾰족하다 | 부드럽다 | 딱딱하다 | 울퉁불퉁하다 | 매끄럽다 |

1) 

• 이것은 ______________ 모양입니다.
• 껍질이 ______________고 울퉁불퉁합니다.

* 뜨개질 knitting

2) 

• 이것은 ____________ 모양이고 끝이 ____________.

• 위쪽은 부드럽고 ____________.

3) 

• 이것은 ____________ 모양입니다.

• 겉이 매우 ____________.

4) 

• 이것은 ____________ 모양입니다.

• 만지면 매우 ____________.

## 연 습 3 다음 악기의 모양과 연주 방법을 써 보세요.

[ 보기 ] 

북은 <u>둥근</u> 모양입니다. 채로 <u>쳐서</u> 연주합니다.

1) 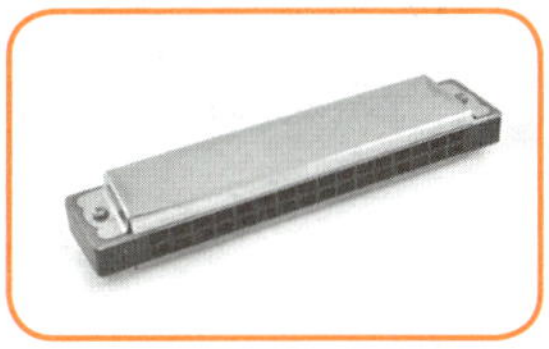

• 하모니카는 ____________ 모양입니다.
입으로 ____________ 연주합니다.

2) 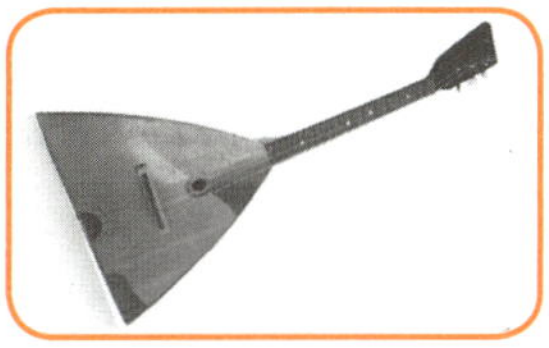

• 이 기타는 ____________ 모양입니다.
손으로 줄을 ____________ 연주합니다.

3) 

• 탬버린은 ____________ 모양입니다.
흔들거나 손으로 ____________ 연주합니다.

4) 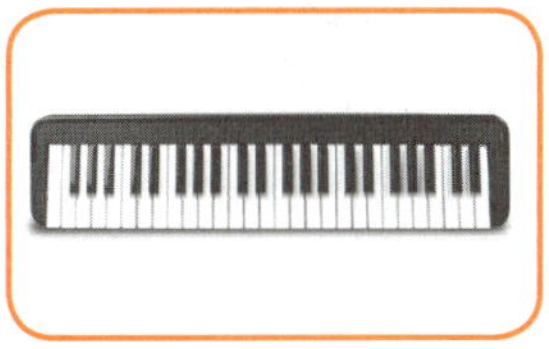

• 키보드는 ____________ 모양입니다.
건반을 ____________ 연주합니다.

5) 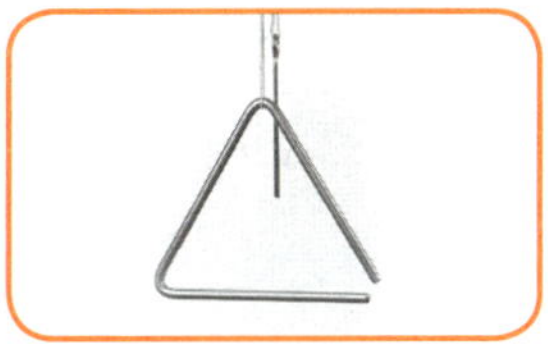

• 트라이앵글은 ____________ 모양입니다.
채로 ____________ 연주합니다.

# 문법과 표현 Grammar and Expression

## 1. N만 하다

**연 습 1** [보기]와 같이 대화를 완성하세요.

[ 보기 ]

A : 친구가 키가 커요?

B : 별로 안 커요. <u>저만 해요</u>.

1) 

A : 잃어버린 지갑이 어떻게 생겼어요?

B : 직사각형 모양인데 크기는 이 ____________________.

2) 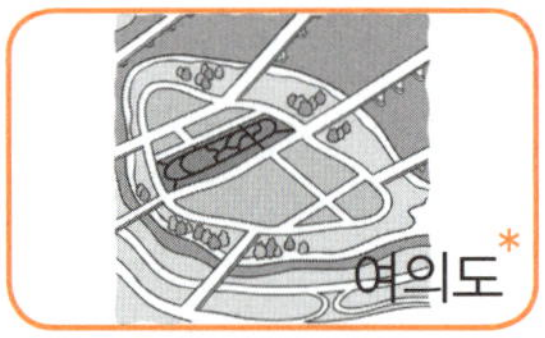


A : 여기에 굉장히 큰 공원을 만든다고 들었어요.

B : 네, ____________________ 공원을 만들 거래요.

3) 

A : 동물원에 가서 재미있었어요? 호랑이도 봤어요?

B : 네, 정말 무서웠어요. 크기가 이 ____________________.

4) 

A : 뉴스 봤어요? 이 근처 산에서 멧돼지*가 잡혔대요.

B : 네, 봤어요. 크기가 ____________________던데요.

5) 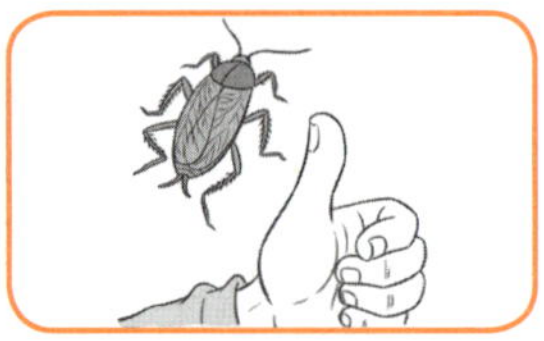

A : 무슨 일이야? 왜 갑자기 소리를 지르니?

B : 엄마! 여기 ____________________ 바퀴벌레*가 있어요.

6) 

A : 이 ________________ 프라이팬은 어디에 쓰는 거예요?

B : 달걀을 부칠 때 쓰면 좋아요.

7) 

A : 갈수록 컴퓨터가 작고 가벼워지는군요.

B : 네, 이번에 새로 나온 것은 진짜 얇은 ______________.

여의도 a location in Seoul　멧돼지 wild pig; hog　바퀴벌레 cockroach

## 연 습 2 다음의 과장하는 표현으로 문장을 완성하세요.

| 모기만 하다 | 대문짝*만 하다 | 집채*만 하다 |
| --- | --- | --- |
| 축구장만 하다 | 쥐꼬리*만 하다 | |

1) 

지난번에 교과서를 잃어버려서 너무 속상했어요. 그래서 새로 산 책에는 이름을 ________________ 하게 썼어요.

2) 

________________ 한 월급을 모아 언제 집을 살 수 있을지 걱정이에요.

3) 

시험 시간에 친구가 ________________ 한 목소리로 지우개를 빌려 달라고 했다. 나는 선생님한테 혼날까 봐 그냥 없나고 했다.

4) 

친구가 새로 이사해서 집 구경을 갔다. 친구의 집은 아주 크고 방이 얼마나 넓은지 ________________ 했다.

5) 

영화에서 ________________ 한 고래가 바다에서 뛰어 오르는 장면을 봤어요. 정말 그렇게 큰 고래가 있을까요?

## 연 습 3 내가 아는 아주 크거나 작은 것에 대해 친구와 이야기해 보세요.

내 고향 하와이에는 아주 큰 팬케이크를 파는 식당이 있어요.

그래요? 팬케이크가 얼마만 한데요?

팬케이크 하나가 큰 쟁반*만 해요. 그걸 혼자 다 먹으면 티셔츠를 선물로 받아요.

대문짝 front gate door 집채 house 쥐꼬리 rat tail 쟁반 serving tray

## 2. V-(으)ㄹ 생각도 못 하다

**연 습 1** [보기]와 같이 대화를 완성하세요.

[ 보기 ] A : 왜 이렇게 일찍 출발해요?
B : 일찍 출발하지 않으면 9시까지 학교에 도착할 생각도 못 해요.
(9시까지 학교에 도착하다)

1) A : 휴가가 두 달이나 남았는데 왜 미리 비행기 표를 사요?
B : ________________.
(휴가를 가다)

2) A : 왜 그렇게 열심히 돈을 모아요?
B : ________________.
(집을 사다)

3) A : 민수 씨에게 그 일을 도와 달라고 했어요?
B : ________________.
(그 일을 끝내다)

**연 습 2** [보기]와 같이 문장을 만드세요.

[ 보기 ]

출퇴근 시간에는 버스에 사람이 너무 많아서 버스를 탈 생각도 못 해요.

1)  ________________.

2) 

________________.

3)  ________________.

4)  ________________.

악어 alligator

## 연 습 3 다음을 사용해서 이야기를 해 보세요.

| -아서/어서 | 때문에 | -(으)면 |
|---|---|---|
| -(으)ㄹ 때 | -(으)ㄹ까 봐 | |

1) 음식 2) 악기

3) 취미 4) 운동

## 연 습 4 [보기]와 같이 문장을 완성하세요.

[ 보기 ] 우리나라에서는 공원에서 술을 마실 생각도 못 해요.

1) 우리나라에서는 ______________________________.

2) 내가 어렸을 때는 ______________________________.

3) 수업 시간에는 ______________________________.

4) 우리 집에서는 ______________________________.

5) 돈이 없어서 ______________________________.

* 알레르기 allergy

## 3. V-(으)ㄹ 만하다

**연 습 1** [보기]와 같이 대화를 완성하세요.

[ 보기 ] A : 서울에서도 캠핑을 할 수 있다고요?
B : (난지 캠핑장) 네, 난지 캠핑장이 가 볼 만해요.

1) A : 남대문시장에서 먹을 만한 게 뭐가 있을까요?
B : (갈치* 조림) ____________________.

2) A : 외국 사람이 배울 만한 전통 악기가 있을까요?
B : (장구) ____________________.

3) A : 요즘 볼만한 재미있는 TV프로그램 있어요?
B : ('2박 3일') ____________________.

4) A : 제주도에 가서 뭘 하면 좋을까?
B : (올레길 걷기) ____________________.

5) A : 바다에서 뭘 하고 놀면 좋을까요?
B : (수상 스키) ____________________.

**연 습 2** [보기]와 같이 대화를 완성하세요.

[ 보기 ] A : 가야금을 들고 다니려면 너무 무겁지 않아요?
B : 괜찮아요. 좀 무겁지만 들고 다닐 만해요.

1) A : 간장을 많이 넣었나 봐요. 불고기가 너무 짜지 않아요?
B : ____________________.

2) A : 한국어 공부하는 게 너무 어렵지 않아요?
B : ____________________.

3) A : 외국에서 혼자 생활하기가 너무 불편하지 않아요?
B : ____________________.

4) A : 커피가 너무 진하지 않아요? 물을 더 넣을까요?
B : ____________________.

---

* 갈치 hairtail (fish)

## 연 습 3 다음 글을 읽고 문장을 완성하세요.

제 고향 부산을 소개합니다. 부산에 왔으면 바다부터 구경해야겠죠? 부산에는 해운대, 광안리*, 태종대* 등 1) ________________ 곳이 많이 있습니다. 특히 해운대에 가면 수상 오토바이, 바나나 보트 등 2) ________________ 것도 많으니까 꼭 한번 타 보세요. 그리고 신선한 생선회가 먹고 싶으면 자갈치 시장*으로 가세요. 그곳에 가면 바닷가에서 3) ________________ 맛있는 해산물*이 한곳에 모여 있습니다. 마지막으로 바다를 보면서 4) ________________ 장소를 찾는다면 달맞이 고개로 가세요. 달맞이 고개*에는 분위기 좋은 카페가 많아서 커피를 마시며 쉬기에 좋아요.

어떠세요? 부산은 정말 한번 5) ________________ 곳이죠?

## 연 습 4 어러분 고향의 구경거리를 추천해 주세요.

1) ________________ 이/가 ________________ 만해요. (가다)

2) ________________ 이/가 ________________ 만할 거예요. (구경하다)

3) ________________ 이/가 ________________ 만한 것 같아요. (먹다)

4) ________________ 이/가 ________________ 만할걸요. (배우다)

5) ________________ 이/가 ________________ 만한 것 같아요. (타다)

광안리 a beach in Busan 태종대 a hillock in Busan 자갈치 시장 a fish market in Busan 해산물 seafood 달맞이 고개 a hill in Busan
수원 a city in Gyeonggi Province 화성 a fortress in Suwon 18세기 18th century

## 4. A/V-기로 유명하다, N(으)로 유명하다

**연 습 1** [보기]와 같이 문장을 완성하세요.

[ 보기 ] 인사동은 전통 물건이 많기로 유명해요.
(전통 물건이 많다)

1) 동대문시장은
(쇼핑이 편리하다) ______________________.

2) 동해*는
(바다가 깨끗하다) ______________________.

3) 한국은
(인터넷 속도가 빠르다) ______________________.

4) 대구*는
(사과가 맛있다) ______________________.

5) 제주도는
(돌*, 바람, 여자가 많다) ______________________.

**연 습 2** 다음 글을 읽고 문장을 완성하세요.

안녕하세요? 오늘은 '친구'라는 노래로 1) __________ 가수 한 분을 소개하려고 합니다. 이분은 어렸을 때부터 노래를 잘 2) __________로 유명해서 여러 곳에서 노래를 해 달라는 초대를 받았다고 해요. 게다가 춤을 잘 3) __________로도 유명한데요. 춤 대회에서 항상 1등을 해서 모르는 사람이 없을 정도죠. 요즘은 노래 가사를 직접 써서 더 4) __________졌습니다. 이번에 쓴 노랫말이 참 5) __________로 유명하죠. 가사를 들으면 눈물이 날 정도라고 해요. 이 정도면 누군지 아시겠죠? 여러분, 박수로 환영해 주세요.

동해 East Sea 대구 a city in Gyeongsang Province 돌 rock

**연 습 3** 지도를 보고 [보기]와 같이 이야기해 보세요.

[ 보기 ]

울릉도는 오징어* 로 유명해요.

전주는 비빔밥으로 유명해요.

**연 습 4** 여러분 고향의 유명한 것들을 소개해 보세요.

1) 우리 나라는 ______________________로 유명해요.

2) 우리 나라는 ______________________기로 유명해요.

3) 우리 고향은 ______________________로 유명해요.

4) 우리 고향은 ______________________기로 유명해요.

* 오징어 squid

## 문형 연습 Pattern Practice

track 16

### 연 습 1

[ 보기 ] 선생님 (T) 그 꽃이 그렇게 커요?
학 생 (S) (우산) 네, 우산만 해요.

1. T 그 강아지가 그렇게 작아요?
   S (작은 쥐) ______________________________.
2. T 곰 인형이 그렇게 커요?
   S (사람) ______________________________.
3. T 스마트폰이 그렇게 작아요?
   S (명함) ______________________________.
4. T 수박이 그렇게 커요?
   S (농구공) ______________________________.

### 연 습 2

[ 보기 ] 선생님 (T) 요즘도 운동을 자주 해요?
학 생 (S) (바쁘다) 아뇨, 바빠서 운동할 생각도 못 해요.

1. T 새 컴퓨터를 살 생각이에요?
   S (비싸다) ______________________________.
2. T 집에서 김치를 담가 먹어요?
   S (시간이 없다) ______________________________.
3. T 서울에서도 운전을 해요?
   S (길이 복잡하다) ______________________________.
4. T 이번 연휴에 여행 갈 거예요?
   S (일이 많다) ______________________________.

## 연 습 3

**[ 보기 ]** **선생님** (T) 태국 음식을 먹어 보니까 어때요?
**학 생** (S) 정말 먹어 볼 만해요.

1. T 그 산에 올라가 보니까 어때요?
   S ______________________________.
2. T 레일바이크를 타 보니까 어때요?
   S ______________________________.
3. T 사막에 가 보니까 어때요?
   S ______________________________.
4. T 가야금을 배워 보니까 어때요?
   S ______________________________.

## 연 습 4

**[ 보기 ]** **선생님** (T) 왜 내장산에 가려고 해요?
**학 생** (S) (단풍이 아름답다) 단풍이 아름답기로 유명하거든요.

1. T 왜 동대문시장에 가려고 해요?
   S (옷이 싸다) ______________________________.
2. T 왜 동해에 가려고 해요?
   S (바다가 깨끗하다) ______________________________.
3. T 왜 영덕에 가려고 해요?
   S (게가 맛있다) ______________________________.
4. T 왜 경주에 가려고 해요?
   S (박물관이 많다) ______________________________.

# 17 두 사람이 연인 사이라니요?

## Those two are a couple?

**어 휘**

- 소문
  Rumors

**문법과 표현**

- V-고 보니
- A-(으)ㄴ/V-는 척하다
- A/V-다니(요), N(이)라니(요)
- N(이)라고 (해서) 다 A(으)ㄴ/V-는 것은 아니다

**문형 연습**

## 어 휘 Vocabulary

**연 습 1** 빈칸에 알맞은 것을 골라 대화를 완성하세요.

| 소문이 나다 | 소문을 퍼뜨리다 | | |
|---|---|---|---|
| 그럴 리가 없다 | 틀림없다 | 그럴 수 있다 | 믿어지지 않다 |

1) A : 소문 들었어? 서울빵집 빵에서 손가락만 한 벌레가 나왔대.
   B : 그거 사실이 아니래. 그 집 빵이 맛있어서 장사가 잘되니까 건너편 빵집 주인이 나쁜 ______________ 거래.

2) A : 민호 씨하고 알리 씨가 어제 크게 싸웠대요. 벌써 학교에 소문이 퍼져서 모르는 사람이 없어요.
   B : 저기 좀 봐요. 두 사람이 따로 밥을 먹는 걸 보니 그 소문이 맞는 게 ______________.

3) A : 복권에 당첨됐다고 하던데 정말이에요?
   B : 네, 재미로 산 건데 진짜 당첨될 줄 몰랐어요. 지금도 ______________.

4) A : 요즘 휴가 가서 키우던 강아지를 버리고 오는 사람이 많대요.
   B : 어떻게 ______________지요? 정말 말도 안 돼요.

5) A : 이번에 장학금 받게 됐다고 들었어. 축하해.
   B : 벌써 학교에 ______________? 소문 정말 빠르네.
   우리 부모님도 아직 모르시는데…….

6) A : 마리코 씨가 어제 사표를 냈다던데요*?
   B : 마리코 씨가 사표를 냈다고요? ______________.
   어제 저한테 회사가 좋아서 계속 일하고 싶다고 했거든요.



사표를 내다 to submit one's resignation

## 연습 2 빈칸에 알맞은 것을 골라 대화를 완성하세요.

| 우연히 | 분명히 | 자세히 | 솔직히 |
|---|---|---|---|

A : 아까 화장실에 갔다가 1) ________________ 들었는데 우리 부서에 사내 커플이 있대요.

B : 그래요? 누구예요? 좀 2) ________________ 얘기해 봐요. 궁금해요.

A : 우영 씨하고 미미 씨래요. 둘이 만나는 걸 본 사람이 있는데 3) ________________ 데이트하는 거 같았대요.

B : 그럴 리가요. 두 사람은 일할 때마다 생각이 달라서 싸우잖아요.

A : 싸우면서 정든다는* 말도 있잖아요. 4) ________________ 말해서 저는 전부터 두 사람이 잘 어울린다고 생각했어요.

## 연습 3 빈칸에 알맞은 것을 골라 대화를 완성하세요.

| 실망하다 | 오해하다 | 다투다 | 오해를 풀다 | 화해하다 |
|---|---|---|---|---|

A : 나 진짜 너한테 1) ________________. 친구가 다쳐서 병원에 있다는데 어떻게 연락도 없냐? 넌 친구도 아냐.

B : 무슨 소리야? 난 몰랐어. 알았으면 내가 연락 안 했겠니?
2) ________________지 마.

A : 다른 친구는 다 알고 왔는데 너만 모른다는 게 말이 되니?

B : 정말 몰랐어. 어떻게 하면 3) ________________겠니? 어쨌든* 미안해.
우리 이렇게 4) ________________지 말고 5) ________________.

정들다 to become attached to　어쨌든 anyway

# 문법과 표현 Grammar and Expression

## 1. V-고 보니

**연 습 1** [보기]와 같이 대화를 완성하세요.

> [ 보기 ] A : 아까 버스에서 왜 앉았다가 금방 일어났어요?
> B : 앉고 보니 노약자석*이라서 할머니께 양보해 드렸어요.
> (앉다)

1) A : 저 사람이 누군데 그렇게 반가워해요?

   B : ____________________ 같은 고향 사람이에요.
   (알다)

2) A : 어제 소개팅에서 만난 사람이 어땠어요?

   B : ____________________ 고등학교 동창이었어요.
   (만나다)

3) A : 졸업하고 회사에 다니니까 어때요? 많이 힘들지요?

   B : ____________________ 학생 때가 좋았다는 생각이 드네요.
   (졸업하다)

4) A : 왜 전화를 그냥 끊어요?

   B : ____________________ 버튼을 잘못 눌렀어요.

5) A : 내 얼굴 그려 준다고 하더니 아직 안 그렸어?

   B : 사실 그렸는데 ____________________ 너무 안 닮은 것 같아서…….
   다음에 다시 그려 줄게.

6) A : 새로 이사한 집은 어때요? 마음에 들어요?

   B : 아니요, ____________________ 교통이 너무 불편해서 후회하고 있어요.



노약자석 seat for the elderly, handicapped or pregnant

**연 습 2** 다음의 문장을 완성하세요.

●●●●● 10:00 100%

〈Messages

미안해. 나 30분쯤 늦을 것 같아. 빨리 가도록 해 볼게.

아까 아침 일찍 일어났다고 나한테 문자 보냈잖아.

응, 일찍 일어났는데 옷을 1) ______________
마음에 안 들어서 여러 번 바꿔 입었어.
그리고 서둘러서 버스를 탔는데
2) ________________ 버스를 잘못 탄 거야.
그래서 지금 택시 타고 가는 중이야.

근데 나 지금 배터리가 얼마 없거든.
아침에 충전이 된 줄 알았는데 휴대폰 전원을
3) _____________ 충전이 전혀 안 돼 있었어.

그럼 먼저 카페에 들어가 있어. 곧장 갈게.

**연 습 3** 다음에 이어질 문장을 써 보세요.

1) A : 마이클 씨, 발표 원고 다 썼어요?
   B : 죄송합니다. 쓰기는 했는데 쓰고 보니 ________________________________.

2) A : 경찰이 그 도둑을 잡았대요?
   B : 네, 그런데 잡고 보니 ________________________________.

3) A : 카페에 들어갔다가 왜 금방 도로* 나왔어요?
   B : 들어가고 보니 ________________________________.

4) A : 유진 씨 생일 선물 사러 간다고 하더니 왜 안 샀어요?
   B : 내 옷을 먼저 사고 보니 ________________________________.

도로 again; back

## 2. A-(으)ㄴ/V-는 척하다

**연 습 1** [보기]와 같이 대화를 완성하세요.

> [ 보기 ] A : 오늘 데이트는 즐거웠어요?
> B : 사실 별로였어요. 그런데 오늘이 그 사람 생일이라서 즐거운 척했어요.

1) A : 진수 씨가 자꾸 돈을 빌려 달라고 해서 곤란해 죽겠어요.
B : 저한테도 계속 돈을 빌려 달라고 해요. 그래서 어제는 그냥 돈이 ______________ ______________.

2) A : 운동하다가 허리를 심하게 다쳤다면서요. 부모님도 알고 계세요?
B : 네. 그런데 걱정하실까 봐 ______________________.

3) A : 왜 벌써 퇴근했어요? 오늘 일이 많다고 하지 않았어요?
B : 중요한 약속이 생겨서 ______________________고 일찍 나왔어요.

4) A : 어제 동창회 모임에 갔다 왔다면서요? 어땠어요?
B : 친한 동료 집들이에 초대를 받아서 거기 가느라고 못 갔어요.
친구들한테는 미안하지만 ______________________고 안 갔어요.



> [ 보기 ] A : 베트남에서 산 적이 있어요? 베트남에 대해 잘 아는 것 같아요.
> B : 아니요, 잘 모르는데 그냥 아는 척했어요.

5) A : 아까 집에 오는 길에 모르는 남자가 계속 따라와서 무서웠어요.
B : 그래요? 그럴 때는 ______________________.
전화하는 걸 보면 그냥 갈 거예요.

6) A : 뉴스를 다 이해하다니 정말 한국어 실력이 많이 좋아졌네요.
B : 사실 다 못 알아들었어요. 그냥 ______________________.

7) A : 친구한테 받은 선물이 마음에 들어요?
B : 아니요. 그런데 기억해 준 게 고마워서 ______________________.

8) A : 어제 명동에 갔다가 우연히 아키라 씨를 봤어요. 그런데 아키라 씨가 여자 친구하고 싸우고 있어서 그냥 ______________________.
B : 정말이에요? 아키라 씨한테 여자 친구가 있었다니 전혀 몰랐어요.

## 연 습 2 [보기]와 같이 문장을 완성하세요.

[ 보기 ] 제 회사 동료는 업무 시간에 몰래 자면서 일하는 척해요.

1) 할머니가 제 앞에 서 계신 걸 알았지만 너무 피곤해서 ____________________.

2) 엄마가 하도 청소하라고 잔소리를 하셔서 그냥 ____________________.

3) 제 친구는 수업 시간에 ____________________ 게임을 해요.

4) 모임에 나가기가 싫어서 텔레비전을 보고 놀면서 ____________________.

5) 두 사람이 헤어진 걸 알고 있었지만 ____________________.

6) 사무실에서 ____________________ 친구와 채팅을 했어요.

## 연 습 3 속마음과 행동이 달랐던 적이 있습니까? 친구들과 이야기해 보세요.

아까 샤오밍 씨를 보고도 왜 인사 안 했어요?

어제 좀 다퉈서 그냥 못 본 척 했어요.

아까 어떤 남자가 계속 부르던데 왜 대답 안 했어요?

저를 '아줌마'라고 부르잖아요. 기분이 나빠서 ____________.

그 영화를 안 봤으면서 왜 봤다고 했어요?

____________________.

____________________?

## 3. A/V-다니(요), N(이)라니(요)

**연 습 1** [보기]와 같이 대화를 완성하세요.

> [ 보기 ] A : 오늘 날씨 좋지요?
> B : 날씨가 좋다니요? 방금 천둥 치는 소리 못 들었어요?

1) A : 왜 계속 배가 고프지요?
   B : 배가 ________________? 방금 제 샌드위치까지 먹었잖아요.

2) A : 창문을 좀 열어 보세요. 지금 눈이 와요.
   B : 4월인데 눈이 ________________? 거짓말하지 마세요.

3) A : 친구들한테 다 연락한 거 맞아요? 아직 한 사람도 안 왔어요.
   B : ____________________________? 분명히 연락했는데 정말 이상하네요.

4) A : 방금 통화한 사람이 아키라 씨 애인이지요?
   B : 제 ________________? 그냥 학교 선배일 뿐이에요.



> [ 보기 ] A : 제 친구가 영화배우가 됐대요.
> B : 정말이에요? 배우가 되다니, 정말 대단하네요.

5) A : 아키라 씨가 결혼을 한대요.
   B : 아키라 씨가 ________________, 정말 잘됐네요.

6) A : 제가 다니던 회사가 문을 닫는대요. 이제 어떡하지요?
   B : 그렇게 튼튼한 회사가 ____________________, 정말 이해할 수가 없네요.

7) A : 제 동생이 대학 입학시험에 또 떨어졌대요.
   B : 그렇게 열심히 공부했는데 ______________________, 많이 실망했겠어요.

8) A : 우리 사장님이 예순 살이시래요.
   B : 사장님이 ________________, 믿을 수가 없네요. 젊어 보이셔서 저는 마흔 살쯤 되신 줄 알았어요.

## 연 습 2 신문을 보고 아래 문장을 완성하세요.

# 한 국 신 문

**다음 주 내내* 폭우 내려**

다음 주에도 전국에 비 소식이 있습니다. 폭우가 내릴 수도 있으니 조심하시기 바랍니다. 그리고…….

**80세 할머니 대학교에 합격해**

대구에 사는 김미순 할머니(80세)가 공부를 시작한 지 10년 만에 대학교에 합격해서 사람들을 놀라게 하고 있습니다. 김미순 할머니는…….

**중학생 바다에 빠진 아이 구해**

부산에 놀러 갔던 중학생이 물에 빠진 여자아이를 구해서 화제가 되고* 있습니다. 해운대 바닷가에서 놀던 아이는…….

**배우 유미 교통사고로 크게 다쳐**

어젯밤 서울로 올라오던 배우 유미 씨가 고속도로에서 고장 난 차와 부딪혀 크게 다쳤습니다. 유미 씨는…….

1) 다음 주에도 계속 ______________________, 말도 안 돼요.

2) 80대 할머니가 ______________________, 정말 굉장하네요.

3) 중학생이 ______________________, 정말 용감하네요.

4) 내가 좋아하는 배우 유미 씨가 ______________, 믿을 수가 없어.

## 연 습 3 친구와 이야기해 보세요.

켈리 씨가 고향에 돌아간대요.

켈리 씨가 고향에 돌아가다니요? 얼마 전에 만났을 때 한국에서 취직할 거라고 했는데…….

준코 씨가 한국 남자와 선을 봤대요.

______________________?

______________________.

내내 all through 화제가 되다 to become a topic of conversation

## 4. N(이)라고 (해서) 다 A(으)ㄴ/V-는 것은 아니다

**연 습 1** [보기]와 같이 대화를 완성하세요.

[ 보기 ] A : 한국 사람은 누구나 매일 김치를 먹는다던데요?
B : 한국 사람이라고 다 매일 김치를 먹는 것은 아니에요.
김치를 별로 안 좋아하는 사람도 있어요.

1) A : 저 사람은 외국인이니까 한국말을 못할 거야.
B : ______________________________
______________________.

2) A : 서울에 사니까 좋지요? 대도시라서 생활이 편할 것 같아요.
B : ______________________________
______________________.

3) A : 동생이 가수라고? 그럼 정말 노래 잘하겠다.
B : ______________________________
______________________.

4) A : 요리사니까 무슨 음식이나 만들 수 있겠네요. 브라질 음식도 만들 수 있어요?
B : ______________________________
______________________.

**연 습 2** [보기]와 같이 대화를 완성하세요.

[ 보기 ] A : 돈이 많으면 행복할 텐데…….
B : 돈이 많다고 다 행복한 것은 아니에요.

1) A : 자격증*이 많으니까 금방 취직이 될 거예요. 걱정 마세요.
B : ______________________________.

2) A : 목걸이가 반짝이는 걸 보니 금으로 만든 게 틀림없어요.
B : ______________________________.

3) A : 비가 오니까 오늘은 무지개를 볼 수 있겠지요?
B : ______________________________.

4) A : 전자 공학과*를 졸업했으니까 이 휴대폰 좀 고쳐 봐요. 고칠 수 있지요?
B : ______________________________.

자격증 certificate 전자 공학과 department of electrical engineering

## 연 습 3 다음 대화를 읽고 [보기]와 같이 문장을 만드세요.

1) 키가 작다고 다 운동을 못하는 것은 아니다.

> 배우 김소희가 나오는 드라마가 요즘 인터넷에서 화제* 가 되고 있어요. 그런데 김소희의 연기가 자연스럽지 않다는 말이 많네요.

> 그러게요. 그 배우는 어쩌면 그렇게 연기를 못하지요? 얼굴이 예쁜 배우로 유명하잖아요? 그래서 기대를 많이 했는데…….

2) ______________________________.

> 가수 누비라와 영화배우 태민이 사귄다던데요? 5년이나 사귀었대요. 아마 곧 결혼하겠지요?

> 지금 사귀고는 있지만 결혼을 할지 안 할지 어떻게 알겠어요? 연애를 하다가 헤어지는 연인들도 많잖아요.

3) ______________________________.

> 폴락 씨는 한국에 산 지 오래돼서 이제 한국어를 꽤 잘하겠어요.

> 아니에요. 살기는 오래 살았는데 항상 친구들과 영어만 사용하니까 한국어 실력이 늘지 않네요. 좀 더 열심히 공부해야 할 것 같아요.

4) ______________________________.

## 문형 연습 Pattern Practice

track 17

### 연 습 1

[ 보기 ] 선생님 (T) 지하철을 탔어요. 반대 방향으로 가는 열차였어요.
학 생 (S) 지하철을 타고 보니 반대 방향으로 가는 열차였어요.

1. T 바지를 샀어요. 너무 작았어요.
   S ______________________________.
2. T 설명을 들었어요. 이해가 됐어요.
   S ______________________________.
3. T 나중에 알았어요. 대학 동창이었어요.
   S ______________________________.
4. T 지하철에서 내렸어요. 가방이 없었어요.
   S ______________________________.



### 연 습 2

[ 보기 ] 선생님 (T) 영화가 재미없었지요?
학 생 (S) 네. 하지만 재미있는 척했어요.

1. T 매운 음식을 잘 못 먹지요?
   S ______________________________.
2. T 말이 빨라서 못 알아들었지요?
   S ______________________________.
3. T 소개받은 사람이 마음에 안 들었지요?
   S ______________________________.
4. T 친구들이 생일 파티 준비한 걸 알았지요?
   S ______________________________.

## 연 습 3

[ 보기 ] **선생님** (T) 시험 문제가 쉬워요.
**학 생** (S) 네? 시험 문제가 쉽다니요?

1. T 찌개가 너무 매워요.

   S ______________________________?

2. T 교실에 아무도 없어요.

   S ______________________________?

3. T 알리 씨가 고향에 돌아간대요.

   S ______________________________?

4. T 퇴근하는 길에 교통사고가 났어요.

   S ______________________________?

## 연 습 4

[ 보기 ] **선생님** (T) 겨울은 언제나 이렇게 추워요?
**학 생** (S) 아니요, 겨울이라고 다 이렇게 추운 건 아니에요.

1. T 대도시는 어디나 공기가 나빠요?

   S ______________________________.

2. T 지하철이 언제나 버스보다 편해요?

   S ______________________________.

3. T 키 큰 사람은 누구나 농구를 잘해요?

   S ______________________________.

4. T 이 가게 물건은 무엇이나 다 좋아요?

   S ______________________________.

# 18 거울이 깨지고 말았어요

## The mirror finally cracked

**어 휘**
- 연극, 연기
  Theatrical play, acting

**문법과 표현**
- A-다니까(요), V-ㄴ다니까(요)/는다니까(요), N(이)라니까(요)
- V-고 말다

**문형 연습**

## 어 휘 Vocabulary

**연 습 1** 알맞은 단어를 넣어 대화를 완성하세요.

| 연극 | 무대 | 대본 | 대사 | 관객 |
|---|---|---|---|---|

기자 : 오늘은 1) 연극 '지하철 2호선'의 주인공 가수 고수 씨를 모셨습니다. 안녕하세요? 연극은 처음이시라고 들었는데요.

배우 : 네. 2) __________에서 노래는 많이 했지만 연극은 처음이라서 많이 떨립니다.

기자 : 가수 활동도 바쁘실 텐데 어떻게 연극을 하시게 되었나요?

배우 : 연극에 나오는 주인공의 직업이 가수니까 한번 해 보겠느냐고 해서 3) __________을 읽어 보았는데 내용이 마음에 들었습니다.

기자 : 그러셨군요. 연극을 하면서 어려운 점은 없습니까?

배우 : 긴 4) __________를 외우는 게 좀 힘들었어요. 하지만 옆에서 많이 도와주셔서 재미있게 하고 있습니다. 그리고 5) __________ 분들의 응원이 정말 큰 힘이 됩니다. 앞으로도 열심히 할 테니까 많은 관심 부탁드립니다.

기자 : 네, 좋은 연기 기대하겠습니다. 감사합니다.

**연 습 2** 알맞은 단어를 넣어 연극 대본을 완성하세요.

| 빼앗다 | 숨기다 | 깨뜨리다 | 들여다보다 | 벌떡 일어나다 |
|---|---|---|---|---|
| 소리를 지르다 | 홱 돌아보다 | 고개를 끄덕이다 | 고개를 가로젓다 | |

막이 올라가면 여자가 텔레비전을 보고 있다. 한 남자가 여자의 방을 몰래 1) <u>들여다보</u>다가 천천히 여자 쪽으로 걸어간다. 갑자기 여자가 뒤를 2) ____________________다.

**여자** : (남자를 발견하고 3) ____________________며) 앗! 누, 누구세요?

**남자** : (작은 소리로) 쉿! 4) ____________________지 마. 오래간만이군. 그동안 잘 지냈어?

**여자** : 아, 아저씨. 어떻게 된 거예요? 아저씨는 감옥에…….

**남자** : (5) ____________________며) 그래, 맞아. 네가 나를 감옥에 보냈지. 날 감옥에 보내고 너 혼자 잘 살 수 있을 줄 알았지?

**여자** : 내가 아저씨를 감옥에 보내다니요?
(6) ____________________며) 아니에요. 그건 실수였어요.

**남자** : 실수? 웃기지 마. 내 돈을 7) ____________으려고 일부러 그런 거잖아?
내 돈은 어디 있지? 어디에 8) ____________어?

**여자** : 아니에요. 아저씨 돈을 빼앗다니 말도 안 돼요. 나도 돈을 못 받았어요.

**남자** : (탁자 위에 있던 꽃병을 던져서 9) ____________다. '쨍그랑' 하는 소리.) 지금 장난해?
돈을 못 받다니……. 내가 경찰에 잡힐 때 돈 가방을 들고 도망가는 널 분명히 봤어.

# 문법과 표현 Grammar and Expression

## 1. A-다니까(요), V-ㄴ다니까(요)/는다니까(요), N(이)라니까(요)

**연 습 1** 여기는 경찰서입니다. 두 사람의 대화를 완성하세요.

A : 어젯밤에 미술관에서 그림 훔친 거, 너지?

B : 아니에요. 제가 훔치지 1) ______________________________.

A : 그럼 밤에 미술관에는 왜 갔어?

B : 미술관에 안 2) ______________________________.

저는 어젯밤에 집에 일찍 들어갔어요.

A : 어젯밤에 일찍 집에 들어갔다는 거, 거짓말이지?

B : 아니에요. 정말 집에 일찍 3) ______________________________.

A : 어젯밤에 네가 미술관에 들어가는 게 CCTV에 찍혔다니까.

B : 거기 찍힌 사람은 제가 4) ______________________________.

A : 그럼 누구야? 네가 아니면 누가 훔쳤다는 거야?

B : 그걸 제가 어떻게 알아요. 정말 저는 5) ______________________________.

**연 습 2** [보기]와 같이 대화를 완성하세요.

> [ 보기 ] A : 두 사람이 정말 애인 사이야? 아닌 것 같은데…….
> B : 맞다니까. 둘이 몰래 만나는 걸 봤다니까.

1) A : 뭐? 자장면에 고춧가루를 넣어 먹으면 맛있다고?
   B : 진짜 ______________________________.

2) A : 아침에 나갈 때 문 잠근 거 맞아? 문이 안 잠겨 있던데?
   B : 정말 ______________________________.

3) A : 애인이 없다고요? 있을 것 같은데요.
   B : 아니에요. ______________________________.

4) A : 사라 씨하고 사귀는 거 맞죠? 사귄 지 얼마나 됐어요?
   B : 아니에요. ______________________________.

## 2. V-고 말다

**연 습 1** [보기]와 같이 문장을 완성하세요.

> [ 보기 ]  경기에서 열심히 뛰었지만 우리 팀이 지고 말았다.
> (지다)

1) 취직 준비를 열심히 했지만 면접시험에서 ______________________________.
(떨어지다)

2) 막차를 타려고 뛰어갔지만 ______________________________.
(놓치다)

3) 그 사람은 큰 병에 걸려서 수술을 받았지만 ______________________________.
(죽다)

4) 친구와 오해를 풀고 화해하려고 했는데 또 ______________________________.
(싸우다)

**연 습 2** [보기]와 같이 대화를 완성하세요.

> [ 보기 ]  A : 용준 씨가 피자 가게를 한다고 들었는데 잘된대요?
> B : 요즘 경기가 안 좋아서 문을 닫고 말았대요.

1) A : 아키라 씨가 회사에서 쓰러졌다고 들었어요.
B : 네. 한 달 동안 계속 야근하더니 ______________________________.

2) A : 유라 씨는 남자 친구와 잘 지내지요?
B : 아니요. 성격이 너무 안 맞아서 ______________________________.

3) A : 엄마한테는 사실대로 말했어야지. 왜 거짓말을 했니?
B : 죄송해요. 혼날까 봐 저도 모르게 ______________________________.

4) A : 아까 금방 도착할 거라고 하더니 왜 이렇게 늦었어요?
B : 자다가 내릴 역을 ______________________________.

# 문형 연습 Pattern Practice

track 18

## 연습 1

[ 보기 ]	**선생님** (T)	뭐라고요? 두 사람이 몰래 만나는 걸 봤다고요?
**학　생** (S)	네. 제가 봤다니까요.

1. T 뭐라고요? 졸업 여행이 취소됐다고요?
   S 네. ______________________________.
2. T 뭐라고요? 이번 시험에서 100점을 받았다고요?
   S 네. ______________________________.
3. T 뭐라고요? 선생님이 오늘 안 오셨다고요?
   S 네. ______________________________.
4. T 뭐라고요? 아키라 씨가 결혼반지를 샀다고요?
   S 네. ______________________________.



## 연습 2

[ 보기 ]	**선생님** (T)	서둘러 갔으니까 비행기를 탔겠네요.
**학　생** (S)	(놓치다) 아니요. 놓치고 말았어요.

1. T 열심히 공부했으니까 대학 시험에 합격했겠네요.
   S (떨어지다) ______________________________.
2. T 두 사람이 오래 사귀었으니까 지금쯤 결혼했겠네요.
   S (헤어지다) ______________________________.
3. T 여보, 어머니 생신 선물 사 왔지요?
   S (잊어버리다) ______________________________.
4. T 태권도 선수가 되고 싶다고 했으니까 계속 태권도를 배우고 있겠네요.
   S (그만두다) ______________________________.

# 복습 6

## 어휘와 문법 Vocabulary and Grammar

### 1. 정리하기

#### 어휘

| | | | | |
|---|---|---|---|---|
| 16과 | 마음이 편안해지다<br>신이 나다<br>가슴이 뛰다<br>마음에 여유가 생기다<br>힘이 나다<br>마음이 설레다 | 누르다<br>불다<br>튕기다<br>치다<br>켜다 | 세모<br>네모<br>동그라미<br>마름모 | 둥글다<br>뾰족하다<br>딱딱하다<br>부드럽다<br>평평하다<br>울퉁불퉁하다<br>매끄럽다<br>거칠다 |
| 17과 | 소문이 나다<br>소문을 내다<br>소문이 퍼지다<br>소문을 퍼뜨리다<br>그럴 리가 없다<br>믿어지지 않다<br>그럴 수 있다<br>틀림없다 | 우연히<br>자세히<br>분명히<br>솔직히 | 실망하다<br>다투다<br>오해하다<br>오해를 풀다<br>화해하다 | |
| 18과 | 연극<br>무대<br>관객<br>대본<br>대사 | 들여다보다<br>숨기다<br>빼앗다<br>깨뜨리다 | 벌떡 일어나다<br>깜짝 놀라다<br>고개를 가로젓다<br>소리를 지르다<br>홱 돌아보다<br>고개를 끄덕이다 | |

## 문법

| | | |
|---|---|---|
| 16과 | N만 하다 | • 그 여배우의 얼굴이 정말 작아요. 주먹**만 해요**. |
| | V–(으)ㄹ 생각도 못 하다 | • 새로 나온 휴대폰이 너무 비싸서 **살 생각도 못 해요**. |
| | V–(으)ㄹ 만하다 | • 한강의 야경이 정말 **볼 만해요**.<br>• 이 도서관에는 아이들이 읽**을 만한** 책은 없어요. |
| | A/V–기로 유명하다,<br>N(으)로 유명하다 | • 내장산은 단풍이 아름답**기로 유명해요**.<br>• 내장산은 아름다운 단풍**으로 유명해요**. |
| 17과 | V–고 보니 | • 소개팅에서 만난 남자가 알**고 보니** 오빠의 친구였어요. |
| | A–(으)ㄴ/V–는 척하다 | • 그 친구를 만나고 싶지 않아서 바**쁜 척했어요**. |
| | A/V–다니(요),<br>N(이)라니(요) | • 내가 결혼한다는 소문이 나**다니요**? 아직 여자 친구도 없는데요. |
| | N(이)라고 (해서) 다 A(으)ㄴ/V–는 것은 아니다 | • 한국 사람**이라고 해서 다** 매**운** 음식을 좋아하**는 것은 아니에요**. |
| 18과 | A–다니까(요),<br>V–ㄴ다니까(요)/는다니까(요),<br>N(이)라니까(요) | • 그 안에 분명히 젊은 여자가 들어 있**다니까요**. 정말**이라니까요**. |
| | V–고 말다 | • 축구 경기에서 이기고 싶어서 열심히 연습했지만 지**고 말았어요**. |

## 2. 확인하기

### 어휘 확인

1. 다음 빈칸에 알맞은 말을 찾아 쓰세요.

| 깨뜨리다 | 깨지다 |
|---|---|

1) 동생과 야구를 하다가 어머니가 아끼시는 꽃병을 ______________서 야단맞았어요.
2) 유리컵이 ______________기 쉬우니 특별히 신경을 써서 포장해 주세요.

| 매끄럽다 | 부드럽다 |
|---|---|

3) 아기의 이불은 솜처럼 ______________고 따뜻했다.
4) 아이들은 ______________운 얼음판 위에서 시간 가는 줄 모르고 썰매를 탔다.

| 틀림없다 | 그럴 리가 없다 |
|---|---|

5) 제가 청소한 방에서 반지가 없어지다니요? __________________요.
6) 목소리가 떨리는 걸 보니 그 사람이 거짓말을 하고 있는 게 __________________요.

2. 반대되는 말을 찾아 연결하고 알맞은 표현을 넣어 문장을 완성하세요.

| | |
|---|---|
| 다투다 • | • 부드럽다 |
| 딱딱하다 • | • 화해하다 |
| 어색하다 • | • 친하다 |
| 거칠다 • | • 매끄럽다 |

1) 여자 친구와 유학 문제로 _____________는데 _____________고 싶지만 방법을 모르겠어요.
2) _____________ 떡을 전자레인지에 돌렸더니 _____________졌다.
3) 그 친구를 처음 만났을 때 말도 안 통하고 _____________는데 지금은 많이 _____________졌다.
4) 건조하고 _____________ 피부에 이 화장품을 바르면 금방 _____________질 거예요.

## 문법 확인

1. 알맞은 문법을 골라서 문장을 완성해 보세요.

| V-(으)ㄹ 생각도 못 하다 | V-(으)ㄹ 만하다 | A/V-다니(요), N(이)라니(요) |
|---|---|---|
| A(으)ㄴ 척하다, V-는 척하다 | V-고 말다 | A/V-기로 유명하다 |

1) A : 동생이 원하던 대학교에 합격했어요?
   B : ______________________________

2) A : 아직 6시밖에 안 됐는데 벌써 출발해요? 9시까지만 가면 되잖아요.
   B : ______________________________

3) A : 민수 씨가 회사를 그만뒀대요.
   B : ______________________________

4) A : 지난번에 카페에서 우연히 만난 남자가 자꾸 만나자고 해서 귀찮아 죽겠어요.
   B : ______________________________

5) A : 외국 사람들이 왜 제주도에 많이 갈까요?
   B : ______________________________

6) A : 제가 끓인 찌개 맛이 어때요? 너무 짜지 않아요?
   B : ______________________________

2. 다음 문장에서 틀린 부분을 찾아 맞게 고쳐 보세요.

1) 자리에 앉아 보니 노약자석이라서 얼른 일어났어요.
   → ______________________________.

2) 백화점이라고 해서 무슨 물건이나 다 비싸요.
   → ______________________________.

3) 휴가철에는 항공 요금이 하도 비싸서 해외여행을 갈 생각이에요.
   → ______________________________.

## 3. 평가하기

제한 시간 15분 | 내 점수 : / 17

**[1–3] 무엇에 대한 이야기입니까? 알맞은 것을 고르십시오.**

1. 이번 공연을 보기 위해서 해외에서 온 팬들도 많다고 해요.
   ① 영화 ② 관객 ③ 대본 ④ 연극

2. 김 부장님이 곧 회사를 그만둘 거라는 말이 회사 안에 돌고 있다.
   ① 오해 ② 실망 ③ 화해 ④ 소문

3. 답답한 도시를 떠나 자연 속에서 하룻밤을 지내면 마음에 여유가 생기는 것 같다.
   ① 서핑 ② 암벽 등반 ③ 캠핑 ④ 번지 점프

**[4–7] 빈칸에 제일 알맞은 것을 고르십시오.**

4. 용산은 전자 제품이 싸기로 ( ) 곳이다.
   ① 인기 있는 ② 유명한 ③ 발전한 ④ 설명한

5. 조용한 음악을 들으면서 천천히 숨을 쉬면 마음이 ( ).
   ① 편안해져요 ② 신이 나요 ③ 뛰어요 ④ 일어나요

6. 농부는 아내에게 들킬까 봐 거울을 옷장 속에 몰래 ( ).
   ① 빼앗았어요 ② 깨뜨렸어요 ③ 들여다봤어요 ④ 숨겼어요

7. 배낭여행을 하다가 런던에서 ( ) 고등학교 동창을 만났는데 얼마나 반가웠는지 모른다.
   ① 깜짝 ② 몰래 ③ 우연히 ④ 분명히

**[8–10] 다음 밑줄 친 부분과 바꿀 수 있는 것을 고르십시오.**

8. 카페에서 주앙 씨가 피아노 <u>연주하는</u> 것을 봤는데 정말 멋있던데요.
   ① 치는 ② 부는
   ③ 켜는 ④ 누르는

9. 배우 유성이 재벌 2세와 결혼한다는 소문이 <u>나서</u> 이제 모르는 사람이 없다.
① 퍼뜨려서 ② 퍼져서
③ 지나가서 ④ 나와서

10. 까만색 양복을 입은 남자가 저 집으로 들어가는 걸 제가 <u>분명히</u> 봤다니까요.
① 틀림없이 ② 일부러
③ 실수로 ④ 저절로

**[11-14] 빈칸에 제일 알맞은 것을 고르십시오.**

11. (                    ) 월급을 모아 언제 집을 살지 걱정이다.
① 모기만 한 ② 쥐꼬리만 한
③ 손바닥만 한 ④ 엄지손가락만 한

12. 지난번에 소개팅 한 남자를 학교에서 만났지만 그냥 (                    ) 했다.
① 본 척 ② 보는 척
③ 못 보는 척 ④ 못 본 척

13. 저는 그 돈을 가져가지 않았어요. 정말 (                    ).
① 안 가져가다니 ② 안 가져갔다니까요
③ 안 가져갈 생각이에요 ④ 안 가져가고 말았어요

14. 눈길에 미끄러지지 않으려고 조심했지만 결국 (                    ).
① 미끄러질 뻔했어요 ② 미끄러지지 않으면 안 돼요
③ 미끄러지고 말았어요 ④ 미끄러지는 척했어요

**[15-17] 다음 밑줄 친 부분과 의미가 비슷한 것을 고르십시오.**

15. 조금 덥긴 하지만 <u>참을 만해요</u>.
① 참다니요 ② 참을 수 있어요
③ 참는 척해요 ④ 참을 생각이에요

16. 이가 아파서 딱딱한 음식은 <u>먹을 생각도 못 해요</u>.

① 안 먹을 생각이에요　　② 정말 먹을 만해요

③ 전혀 못 먹어요　　④ 먹고 말았어요

17. 우리 팀이 더 잘했는데 경기에서 지다니 <u>그럴 리가 없어요</u>.

① 틀림없어요　　② 그럴 만해요

③ 믿어지지 않아요　　④ 그렇다니까요

## 듣기 Listening

track 19

내 점수 : / 16

**[1] 잘 듣고 여자가 배우는 악기를 고르십시오.**

1. ① 
② 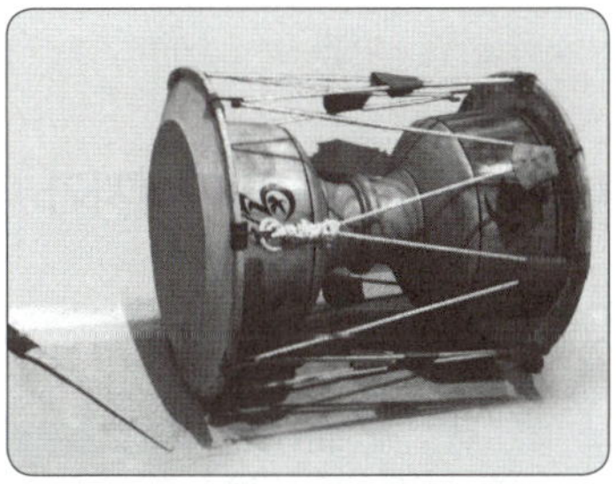
③ 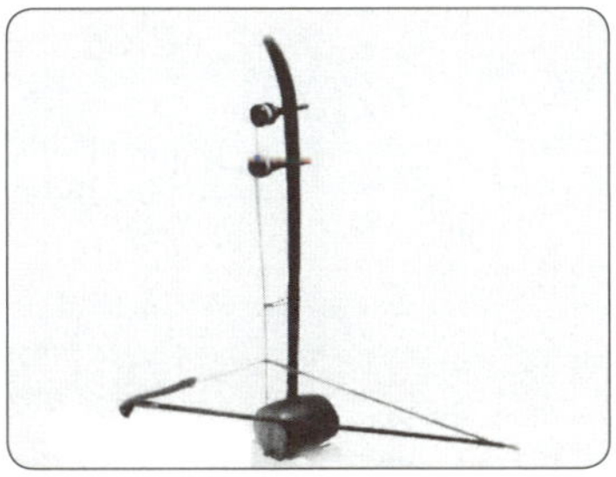
④ 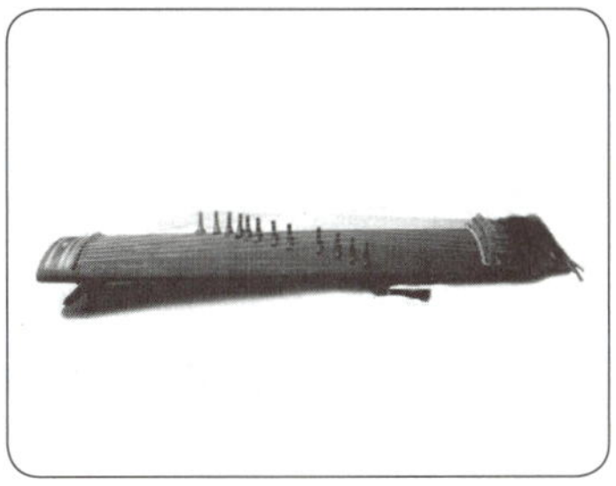

**[2] 다음은 무엇에 대한 글입니까?**

① 취미를 가져야 하는 이유
② 노래 연습을 해야 하는 이유
③ 좋은 악기를 사야 하는 이유
④ 음악을 자주 들어야 하는 이유

**[3-5] 다음 대화를 잘 듣고 이어질 수 있는 말을 고르십시오.**

3. ① 캠핑을 싫어하다니요?
② 아무 일도 아니라니까요.
③ 네, 한탄강은 캠핑으로 유명해요.
④ 하도 일이 많아서 캠핑 갈 생각도 못 해요.

4. ① 일찍 예매할걸 그랬어.
② 아이고, 뒷자리에 앉고 말았어.
③ 맞아. 게다가 무대도 정말 가까워.
④ 늦게 예매해서 앞자리에 앉을 생각도 못 했어.

5. ① 안 보이는 척했지.
② 그냥 못 본 척했어.
③ 여자 친구와 헤어졌다니?
④ 틀림없이 여자 친구를 봤어.

**[6–8] 다음 대화를 잘 듣고 여자가 이어서 할 행동으로 알맞은 것을 고르십시오.**

6. ① 교실에 간다.
② 집에 돌아간다.
③ 선배에게 전화를 한다.
④ 전화번호를 가르쳐 준다.

7. ① 시댁으로 간다.
② 뮤지컬을 보러 간다.
③ 뮤지컬 표를 취소한다.
④ 어머니 선물을 사러 간다.

8. ① 안 산다.
② 둘 다 산다.
③ 세모 텐트를 산다.
④ 네모 텐트를 산다.

**[9–10] 다음을 듣고 내용과 일치하는 것을 고르십시오.**

9. ① 여자의 집 근처에 병원이 없다.
② 여자는 감자 요리를 하다가 다쳤다.
③ 여자는 감자를 바르다가 더 나빠졌다.
④ 남자는 어머니와 함께 병원에 갈 것이다.

10. ① 이 남자는 노트북을 잃어버렸다.
② 이 남자는 까만 가방을 잃어버렸다.
③ 이 남자는 지금 분실물 센터에 있다.
④ 이 남자는 까만 노트북을 사고 싶다.

**[11-12] 다음을 듣고 남자의 중심 생각을 고르십시오.**

11. ① 인터넷에 소문을 퍼뜨리면 재미있다.
② 연예인에 대한 소문이 인터넷에 많다.
③ 소문을 인터넷에 올리는 것은 좋지 않다.
④ 연예인에 대한 소문은 다 사실이 아니다.

12. ① 아이들을 밖에서 많이 활동하게 해야 한다.
② 아이들에게 컴퓨터 게임을 못 하게 해야 한다.
③ 학교에서 컴퓨터 게임을 하게 해서는 안 된다.
④ 부모님과 함께 대화하는 방법을 가르쳐야 한다.

**[13-14] 다음을 듣고 물음에 답하십시오.**

13. 남자의 생각으로 맞는 것을 고르십시오.
① 사진 찍는 것은 별로 중요하지 않다.
② 여행 갈 때 정장은 많이 가져갈수록 좋다.
③ 짐이 무거워도 옷을 꼭 많이 가져가야 한다.
④ 여행 갈 때 편한 옷을 조금만 가져가는 게 좋다.

14. 들은 내용과 맞는 것을 고르십시오.
① 두 사람은 주말마다 여행을 간다.
② 두 사람은 삼 일 동안 여행을 할 것이다.
③ 여자는 남편 말을 듣고 옷을 한 벌만 챙겼다.
④ 여자는 멋있는 남자와 사진을 찍고 싶어 한다.

**[15-16] 다음을 듣고 물음에 답하십시오.**

15. 여자의 생각으로 맞는 것을 고르십시오.
① 연극에 유명한 가수를 캐스팅하면 좋다.
② 경험이 없다고 연기를 못하는 것은 아니다.
③ 인기가 없는 배우가 연극하면 표가 안 팔린다.
④ 연기 경험이 많고 성실한 사람을 캐스팅하고 싶다.

16. 들은 내용과 맞는 것을 고르십시오.

① 가수 '하루' 씨는 예쁘고 연기 경험이 많다.

② 두 사람은 연극 캐스팅에 대해 생각이 같다.

③ 두 사람은 서로 다른 사람을 캐스팅하고 싶어 한다.

④ 이번 연극은 배우의 팬들이 많이 보러 와서 성공했다.

## 읽기와 쓰기 Reading and Writing

제한 시간 20분 내 점수 : / 16

**[1] 다음은 무엇에 대한 글인지 고르십시오.**

우리 대학 신입생들이 '로미오와 줄리엣'을 무대에 올립니다. 후배들의 멋진 연기를 기대해 주세요.

• 일시 : 5월 16일 (오후 8시)
• 장소 : 열린 마당

① 연극 ② 콘서트
③ 음악회 ④ 영화

**[2] 다음 밑줄 친 부분과 의미가 비슷한 것을 고르십시오.**

다음 달에 여행 갈 생각을 하면 벌써부터 <u>마음이 설렌다</u>.

① 가슴이 아프다 ② 마음이 편안하다
③ 가슴이 뛴다 ④ 마음에 여유가 생긴다

[3] **다음 글의 내용과 같은 것을 고르십시오.**

> **여자 친구의 오해를 풀어 주고 싶습니다.**
>
> 얼마 전 여자 친구와 사소한 오해로 다퉜는데 여자 친구에게서 헤어지자는 말을 들었습니다. 실은 지난 수요일이 여자 친구의 생일이었는데 야근 때문에 만나지 못했습니다. 그래서 여자 친구에게 주말에 만나서 축하해 주겠다고 하고 동료들과 저녁을 먹으러 갔습니다. 그런데 거기서 제 여자 친구를 만나고 말았습니다. 여자 친구는 저를 보자마자 화를 내며 밖으로 나가 버렸습니다. 한 여직원이 춥다고 해서 잠깐 팔짱을 끼고 있었거든요. 여자 친구가 큰 오해를 하고 있는 것 같습니다. 어떻게 해야 여자 친구와 다시 화해할 수 있을까요?

① 남자는 여자에게 전화를 걸어 헤어지자고 했다.
② 남자는 여자 친구와 화해하는 방법을 알고 있다.
③ 남자는 여자 친구의 생일날 다른 여자와 데이트를 했다.
④ 남자는 여자 친구의 오해를 풀어 주고 싶어서 이 글을 썼다.

[4] **다음을 순서대로 맞게 나열한 것을 고르십시오.**

> **<텐트 치는 방법>**
>
> (가) 장소를 정했으면 울퉁불퉁한 바닥을 평평하게 정리하고 텐트를 세운다.
> (나) 바람이 불어도 텐트가 쓰러지지 않도록 줄을 이용해서 나무나 바위에 잘 묶는다.
> (다) 캠핑을 하기 위해서 텐트를 칠 때에는 먼저 장소를 잘 선택해야 한다.
> (라) 장소를 선택할 때 바다나 강에서 너무 가까운 곳은 피하는 것이 안전하다.

① (라)–(다)–(가)–(나) ② (다)–(나)–(가)–(라)
③ (다)–(라)–(가)–(나) ④ (라)–(가)–(나)–(다)

**[5-6] 다음을 읽고 물음에 답하십시오.**

'우쿨렐레'는 하와이에서 자주 ( ㉠ ) 악기이다. 모양은 기타와 비슷한데 기타보다 작아서 장난감처럼 보이기도 한다. 목 부분은 가늘고 길며 4개의 줄이 있다. 이 줄을 손으로 튕겨서 연주한다. 또 크기가 작고 가벼워서 휴대하기 쉽고 아이들도 쉽게 배울 수 있다. 한 달만 배우면 간단한 노래를 연주할 수 있다고 하니까 누구나 한번 배워 볼 만하다. '우쿨렐레'를 연주하면서 아름다운 소리를 들으면 마음이 편안해지는 것을 느낄 수 있을 것이다.

5. ( ㉠ )에 들어갈 알맞은 것을 고르십시오.
   ① 부는　　② 누르는　　③ 연주하는　　④ 노래하는

6. 이 글의 내용과 같은 것을 고르십시오.
   ① 우쿨렐레는 기타와 모양과 크기가 같다.
   ② 우쿨렐레는 하와이에서 인기 있는 장난감이다.
   ③ 한 달 정도 배우면 누구나 간단한 노래를 연주할 수 있다.
   ④ 악기의 크기가 너무 작아서 어른들이 들고 연주하기는 쉽지 않다.



**[7-8] 다음을 읽고 물음에 답하십시오.**

매운 음식은 건강에 좋지 않다고 생각하는 사람들이 많다. 실제로 매운 음식을 많이 먹으면 입과 혀가 아프고 배탈이 날 수도 있다. 하지만 적당히 매운 음식은 스트레스를 푸는 데 큰 효과가 있다. 매운 맛의 아픔을 잊기 위해 우리의 뇌에서는 엔도르핀*이 나오는데 이 엔도르핀 덕분에 기분이 좋아진다고 한다. 또 매운 음식을 자주 먹으면 다이어트에도 도움이 된다. 매운 음식 안에 들어 있는 캡사이신*이 몸속의 지방을 빼 주기 때문이다. 그러나 ( ㉠ ). 짬뽕이나 떡볶이와 같은 매운 음식은 생각보다 칼로리가 높은 편이다. 게다가 이런 음식들은 짠맛이 강하기 때문에 자주 먹는 것은 다이어트에 좋지 않다.

7. ( ㉠ )에 알맞은 말을 고르세요.
   ① 매운 음식이 언제나 많이 팔리는 것은 아니다
   ② 매운 음식을 어디에서나 먹을 수 있는 것은 아니다
   ③ 매운 음식을 먹는다고 해서 누구나 살이 찌는 것은 아니다
   ④ 매운 음식이라고 해서 다 다이어트에 도움을 주는 것은 아니다

엔도르핀 endorphin　캡사이신 capsaicin

8. 이 글의 중심 생각을 고르십시오.

① 건강을 위해 매운 음식을 먹지 말아야 한다.
② 매운 음식이 항상 건강에 나쁜 것은 아니다.
③ 매운 음식을 먹어야만 스트레스를 풀 수 있다.
④ 매운 음식은 칼로리가 높아서 다이어트에 좋지 않다.

**[9] 다음 글에서 〈보기〉의 문장이 들어가기에 가장 알맞은 곳을 고르십시오.**

1박 2일 코스로 여행을 다녀오고 싶다면 강원도가 가 볼 만하다. ( ㉠ ) 먼저 설악산은 한국에서 3번째로 높은 산이며 경치가 아름답기로 유명하다. ( ㉡ ) 만약 등산 경험이 없다면 케이블카를 타고 올라가는 것이 좋다. ( ㉢ ) 성인 요금은 9천 원이며 3세 미만의 아이는 요금을 내지 않아도 된다. ( ㉣ )

**〈보기〉** 강원도는 산과 바다가 있어 자연을 즐기고 싶은 사람들에게 매우 좋은 곳이기 때문이다.

① ㉠　② ㉡　③ ㉢　④ ㉣

**[10] 다음 글의 주제로 가장 알맞은 것을 고르십시오.**

얼마 전 인터넷에 유명 연예인이 교통사고로 사망했다는 소문이 빠르게 퍼졌다. 자신을 기자라고 소개한 남성이 쓴 이 글은 30분 만에 많은 사람들에게 알려졌고 대부분의 사람들은 사실이라고 믿었다. 그러나 소문의 주인공은 그 시간에 영화 촬영을 하고 있었다. 이번 일로 그녀의 가족들은 큰 충격을 받았다고 한다. 소문을 퍼뜨린 남자는 심심해서 장난으로 글을 썼고 이렇게 많은 사람들이 자신의 거짓말을 믿을 줄 몰랐다고 했다. 우리는 인터넷 덕분에 빠르고 편리한 생활을 하고 있다. 지금 이 시간에도 많은 사람들이 인터넷으로 수많은 정보를 얻고 다양한 이야기를 주고받는다. 하지만 다른 사람들이 자신을 볼 수 없다고 해서 함부로 행동하면 안 된다. 인터넷이 발전하면 발전할수록 상대방을 배려하는 인터넷 예절을 꼭 지켜야 한다.

① 인터넷에 퍼진 소문은 믿지 않는 게 좋다.
② 좋지 않은 소문일수록 함께 아는 것이 중요하다.
③ 인터넷에 글을 올리면 짧은 시간에 빨리 퍼뜨릴 수 있다.
④ 인터넷은 많은 사람들이 사용하는 공간이므로 함부로 이야기하거나 행동해서는 안 된다.

**[11-13] 다음을 읽고 물음에 답하십시오.**

귤을 고를 때에는 아기 주먹만 한 작은 크기의 귤이 좋다. 이보다 작으면 먹기에 불편하고 크면 클수록 단맛이 덜하기 때문이다. 그리고 귤의 밑부분이 울퉁불퉁한 것이 평평한 것보다 달다.

사과는 겉이 매끄럽고 딱딱한 것이 좋다. 하지만 ( ㉠ ). 좀 거칠어도 빨간 사과가 맛있다. 그리고 너무 큰 사과보다 어른 주먹만 한 중간 크기의 사과가 더 달고 맛있다고 한다.

너무 큰 딸기는 속이 비어 있을 수 있으니 새끼손가락만 한 길이의 딸기를 고르는 것이 좋다. 그리고 겉이 매끄럽고 색이 진한 것을 골라야 하고 겉이 울퉁불퉁한 것은 좋지 않다. 그리고 딸기의 꼭지 부분까지 빨갛다면 잘 익은 딸기이다.

마지막으로 수박은 검정색 줄무늬가 진하면 진할수록 좋다. 그리고 수박 꼭지가 싱싱한 것을 골라야 한다.

11. 필자가 이 글을 쓴 목적을 고르십시오.
① 자신이 키운 과일을 팔려고
② 좋아하는 과일을 소개하려고
③ 좋은 과일 고르는 방법을 소개하려고
④ 과일이 몸에 좋은 이유를 설명하려고

12. ( ㉠ )에 가장 알맞은 것을 고르십시오.
① 중요한 것은 모양이다
② 중요한 것은 소리이다
③ 중요한 것은 사과의 색이다
④ 중요한 것은 사과의 가격이다

13. 이 글의 내용과 같은 것을 고르십시오.
① 딸기는 크면 클수록 달다.
② 귤은 작으면 작을수록 맛있다.
③ 중간 크기의 사과가 가장 맛있다.
④ 수박은 꼭지 색깔이 진한 것을 골라야 한다.

[14-15] 다음을 읽고 (　　　　　　)에 들어갈 말을 각각 한 문장으로 쓰십시오.

**잃어버린 수첩을 찾습니다.**

지난 금요일 오후 휴게실에서 수첩을 잃어버렸습니다. 겉은 노란색이고 크기는 14. (　　　　　　　　　　　　　　) 그리고 수첩 안에는 가족사진이 들어 있습니다.

저에게는 아주 소중한 물건입니다. 혹시 수첩을 보시거나 가지고 계신 분은 아래 번호로 15. (　　　　　　　　　　　　　　　　　　　　)

**김민준 010-9022-XXXX**

[16] 다음을 주제로 하여 자신의 생각을 쓰십시오. (200~300자)

- 무슨 소문을 들었습니까?
- 어떻게 그 소문을 알게 되었습니까?
- 그 소문이 사실이었습니까? 그래서 어떻게 되었습니까?

# 발음 Pronunciation

## 다음을 읽어 보세요. track 20

1) **일 년** 전에 **한국 영화**를 처음 봤어요.

2) **아침에** 일찍 **못 일어나서** 지각했어요.

3) **첫눈**이 오는 날 **첫사랑**과 **결혼하고** 싶어요.

4) **떡볶이** 먹을 때 이 **음료수**랑 먹으면 더 맛있어요.

5) 엘리베이터가 고장 나서 **30분 동안 갇혀** 있었어요.

6) 가을이 되면 이 **나뭇잎** 색깔이 **노랗게 변할** 거예요.

7) 지하철에서 다른 사람의 발을 **밟지 않도록** 조심하세요.

8) **서비스 센터**는 **버스 정류장** 앞에 있어요.

9) 날씨가 추우니까 아이에게 **따뜻한 겉옷을 입히세요**.

10) 신청서에 **생년월일**과 **연락처**를 써 주세요.

11) 머리를 **짧게** 자르면 더 **젊어** 보일 거예요.

12) **책상**은 **창문 옆에 놓는** 게 좋겠네요.

## 말하기 Speaking

다음 그림을 보고 이야기를 만들어 보세요.

## 역할극 하기 Role-play

**A와 B로 역할을 나누어 이야기해 보세요.**

1. 누가 어떤 역할을 할지 정하세요.

| A | B |
|---|---|
| 아침에 학교에 와서 친구를 만났습니다. 그런데 친구에게 걱정이 있는 것 같습니다. 좋아하는 친구라서 도와주고 싶습니다. | 어제 외출했다가 돌아온 후 가방을 보니 중요한 물건 하나가 보이지 않습니다. 어디에서 잃어버렸는지 모르겠습니다. 내가 아주 좋아하는 물건이라서 꼭 찾고 싶습니다. |

2. 잠깐 생각해 봅시다.

| A | B |
|---|---|
| **1. 무슨 걱정이 있는지 묻기**<br>• "무슨 일 있어?" | **1. 걱정하는 이유 말하기**<br>• "가방 안에 (　　)이/가 없어." |
| **2. 잃어버린 물건에 대해 묻기**<br>• 그 물건을 마지막으로 본 시간은?<br>• 물건의 모양은? | **2. 잃어버린 물건에 대해 설명하기**<br>• 모양, 색깔, 크기…….<br>• 꼭 찾아야 하는 이유 |
| **3. 어제 간 곳과 한 일에 대해 묻기** | **3. 어제 간 곳과 한 일에 대해 생각하고 어디에 있을지 추측해 보기** |
| **4. 걱정하는 친구 위로하기** | **4. 친구에게 감사 인사하기** |

3. 친구와 역할극을 해 보세요.

# 듣기 지문 Listening Scripts

## 복습 4

### [1–2]

track 05 p.65

1. 여 : 자, 똑바로 서서 오른발을 왼쪽 다리에 붙이세요. 왼발로 서서 두 팔은 머리 위로 뻗으세요.
   남 : 이렇게 하면 되나요?
   여 : 네, 자세가 좋으시네요. 전에 요가를 배운 적이 있으신 모양이에요.

2. 여 : 직장인들이 가장 싫어하는 회식은 술만 마시고 끝나는 회식인 것으로 조사되었습니다. 노동부 취업 사이트 일하자넷이 최근 직장인 3,000명을 대상으로 직장의 회식 문화에 대해 조사했습니다. '현재 직장에서 어떤 회식을 주로 하고 있느냐'는 질문에는 67%가 '술자리 회식'이라고 대답했습니다. 가장 하고 싶은 회식은 '맛집을 찾아가 맛있는 음식을 먹는 회식'이었는데 45%가 좋아했습니다. 2위는 '연극, 영화 관람 등 문화생활 회식'이었습니다. 다음으로 좋아하는 회식은 '야외 나들이 회식'이었습니다.

### [3–5]

p.66

3. 남 : 대학에 입학해서 좋아하던 게 어제 같은데 벌써 마지막 학기네.
   여 : 그러게. 시간 정말 빠르지? 졸업 후엔 뭐 하려고 해?

4. 남 : 내일 같이 밥 먹고 영화 보자. 새로 나온 코미디 영화가 정말 웃기대.
   여 : 저번에도 밥 먹고 영화 봤잖아. 뭐 재미있는 거 없을까?

5. 남 : 잠깐 쉬었다가 다시 뛰면 안 될까요? 너무 지쳐서 더 못 가겠어요.
   여 : 그럴 땐 앉아서 쉬면 더 기운이 없어지니까 5분 정도 천천히 걷다가 다시 뛰는 게 좋아요.

### [6–8]

p.66

6. 여 : 김 대리, 아까 준 회의 자료 다 복사했어요?
   남 : 아, 죄송합니다. 아직 안 했는데요. 지금 막 하려고 하고 있었어요.
   여 : 잠깐만요. 다시 봤더니 번역이 잘못된 부분이 있어서 좀 고쳤어요. 이거 김 대리가 다시 한번 꼼꼼하게 본 후에 복사해 주세요.
   남 : 네, 알겠습니다.

7. 여 : 너, 내가 소개팅해 준 친구가 마음에 안 들어?
   남 : 아니, 너무 매력 있고 좋은 여자였어. 실은 첫눈에 반했어.
   여 : 그런데 왜 다시 만나자고 안 했어? 내 친구는 너랑 말이 잘 통해서 사귀어 보고 싶대. 전화 기다리는 것 같던데…….
   남 : 정말이야? 난 내가 아직 취직도 못 했고 조건이 안 좋아서 싫어할 줄 알았어. 그럼 늦었지만 지금이라도 해 볼게.

8. 여 : 오늘도 퇴근 후에 스포츠 센터에 갈 거지요?
   남 : 글쎄요, 갈까 말까 하고 있어요. 내일 보고서 발표하는 날이잖아요. 아무래도 남아서 야근을 해야 할 것 같아요.
   여 : 보고서 정리는 아까 다 했잖아요? 업무에 최선을 다하는 것도 좋지만 건강도 생각해야지요. 무슨 일이든지 몸이 건강해야 더 잘할 수 있어요.
   남 : 그렇기는 하지만 이번 발표가 저한테는 승진할 수 있는 좋은 기회인데 놓치고 싶지 않아요.

### [9–10]

p.67

9. 여 : 수미가 남자 친구하고 완전히 헤어졌대. 둘이 크게 다툰 모양이야.
   남 : 왜? 두 사람 곧 결혼한다고 하지 않았어? 결혼 날짜 잡았다고 들었는데…….
   여 : 결혼식 준비하면서 서로 생각이 너무 안 통한다고 느꼈대.
   남 : 그렇게 오래 연애했는데 결국 헤어지는구나. 부모님 반대에도 불구하고 사랑을 지키는 모습이 보기 좋았는데…….
   여 : 그러게. 연애도 쉽지 않지만 결혼은 더 어려운 모양이야.

10. 남 : 아이 얼굴이 많이 밝아졌네요. 밥은 잘 먹습니까?
    여 : 네, 휠체어에 태워서 산책을 시켰더니 밥도 잘 먹고 몸이 좋아진 것 같아요. 하지만 아직도 잠을

잘 못 자서 재울 때 힘들어요. 자다가 자꾸 교통사고 나는 꿈을 꾸는 모양이에요.

남 : 교통사고를 당했을 때 많이 놀라서 그렇습니다. 자기 전에 조용하고 편안한 음악을 들려주세요.

여 : 네. 그런데 선생님, 우리 아이가 다시 걸을 수 있을까요?

남 : 그럼요. 다리에 힘이 좀 더 생기면 걷기 운동을 시작할 겁니다. 그 전에도 가끔 무릎을 굽혔다 펴는 운동을 시켜 주시고 다리를 많이 주물러 주시는 게 좋습니다.

## [11–12]

p.67

11. 여 : 엄마가 자꾸 선을 보라고 하셔서 짜증나요. 난 절대 중매결혼은 안 할 거예요. 난 조건보다 사랑이 더 중요하다고 생각해요.

남 : 다시 생각해 보지 그래요? 결혼에 성공하기 위해서는 사랑하는 사람과 결혼하지 말라는 말도 있잖아요. 결혼해서 살아 보면 어렵고 힘든 일도 많고 서로가 싫어질 때도 많은데 연애결혼을 한 사람들은 보통 그럴 때 '우리의 사랑은 끝났다'고 생각해서 이혼을 선택한대요. 하지만 중매결혼을 한 사람들은 결혼이 약속이라고 생각하기 때문에 아내나 남편에게 더 잘하려고 노력한대요. 그래서 보통 결혼 5년 후에는 연애결혼 한 부부보다 중매결혼 한 부부가 결혼 생활을 더 행복하다고 느낀대요. 그 얘기를 듣고 저는 중매결혼을 해야겠다는 생각이 들던데요.

12. 여 : 이번 취업 박람회에서 가 본 회사 중에 '한국자동차'가 제일 마음에 들어. 월급도 제일 많고 무엇보다 큰 회사라서 승진 기회도 많을 것 같아. 넌 어때?

남 : 글쎄. 물론 월급이나 승진 기회가 아주 중요하지. 하지만 '한국자동차'는 근무 시간이 너무 길다고 들었어. 거기 다니는 선배한테 들었는데 야근도 많이 하고 수말에도 일할 때가 많대. 아무리 월급을 많이 줘도 난 그런 회사에는 취직하고 싶지 않아. 난 저녁에는 편안히 쉬면서 맛있는 음식도 만들어 먹고 주말에는 등산이나 캠핑도 하면서 좀 여유 있게 살고 싶어. 돈이나 승진 때문에 내 맛있는 저녁과 행복한 주말을 포기하고 싶지는 않아.

## [13–14]

p.67

여 : 선생님, 봄철에 허리가 아파서 찾아오는 환자가 많다고 하는데 왜 그렇습니까?

남 : 네, 날씨가 따뜻해지면서 집안 분위기를 밝게 바꾸고 싶어서 무리하게 청소를 하다가 허리를 다쳐 병원에 오는 환자가 많습니다. 대부분 무거운 가구를 혼자 들다가 허리를 삐어서 오는 경우지요. 물건을 들 때 다리는 굽히지 않고 허리만 굽혀서 들기 때문입니다. 무거운 물건을 들 때는 반드시 무릎을 먼저 굽히고 허리는 편 자세로 들어야 허리를 다치지 않습니다.

여 : 네, 그렇군요. 그럼 허리 건강을 위해서 또 무엇을 조심해야 합니까?

남 : 바닥을 닦거나 다림질을 할 때도 허리를 굽히지 않고 서서 하는 것이 좋습니다. 또 힘든 일을 했다면 충분히 쉬면서 따뜻한 수건으로 뭉친 근육을 풀어 주어야 합니다. 평소에 바른 자세로 일하는 습관을 기르고 하루 30분 정도 걷기 운동이나 스트레칭을 하면 허리를 건강하게 지킬 수 있습니다.

여 : 네. 말씀 감사합니다. 여러분, 바른 자세와 운동으로 건강한 생활하시기 바랍니다.

## [15–16]

p.68

남 : 은행장님, 우리나라에서 여성이 은행장이 되신 것은 처음인데요. 느낌이 어떠십니까?

여 : 네, 사실 여자가 은행장이 된 것을 특별하게 생각하는 것이 저는 좀 문제라고 생각합니다. 직장에서는 여자냐 남자냐보다는 그 사람의 업무 능력이 더 중요하지 않겠습니까?

남 : 네, 맞는 말씀입니다. 하지만 아직도 우리 사회에서 여성이 직장에서 성공하려면 더 힘든 점이 많을 거라고 생각되는데요.

여 : 네, 그래요. 저도 처음 은행에 취직했을 때는 무엇이든지 시키는 일을 다 했어요. 직장 상사의 커피 준비나 책상 정리 같은 제 업무가 아닌 일도 여직원이기 때문에 해야 할 때가 많았고요. 또 직장 생활과 집안일을 함께 하기가 힘들어서 직장을 그만두고 싶은 적도 많았어요.

남 : 그런데도 불구하고 계속 일하셔서 이렇게 은행장까지 되셨는데 이유가 뭐라고 생각하십니까?

여 : 먼저 제가 꼼꼼한 편이라서 은행 업무가 제 성격에 잘 맞았어요. 그리고 저는 퇴근 후에 직장 동료와 차

를 마시거나 운동을 할 때가 많았는데 그때 동료나 선후배들의 조언을 듣고 어려운 문제를 해결한 적이 많습니다. 함께 일하는 사람들과 친하게 지내는 것이 직장 생활을 즐겁게 오래 잘하는 방법이라고 생각합니다.

## 복습 5

### [1]

track 12 p.127

남 : 여보, 저기 옷장에서 까만 넥타이 좀 찾아 줘요.
여 : 까만 넥타이는 왜요?
남 : 회사 동료 아버님이 돌아가셨대요. 퇴근 후에 장례식장에 들러야 될 것 같아요.
여 : 여기 있어요. 내가 매 줄게요.

### [2]

p.127

스마트폰으로 잃어버린 것들을 찾읍시다. 밥 먹을 때, 친구와 함께 있을 때, 게임할 때 스마트폰 하느라 대화, 사람, 관심 등을 잃어버린 것은 아닙니까? 우리 모두 스마트폰을 보는 시간을 줄이고 대화하고 사람을 만나는 시간을 가지도록 합시다.

### [3–5]

p.127

3. 남 : 오늘 면접이라고 하지 않았어? 그런데 옷차림이 왜 그래?
   여 : 정장을 입어 보니까 너무 꽉 끼고 불편해서……. 이렇게 입어도 깔끔해 보이고 괜찮지 않아?

4. 남 : 민수도 동창회에 온다고 하지 않았어? 왜 안 보이지?
   여 : 무슨 소리야? 우리 옆 테이블에 앉아 있는데. 아까 인사도 했잖아.

5. 남 : 제가 직접 키운 감자 좀 가져왔어요. 좀 드셔 보세요.
   여 : 어머, 고마워요. 힘들게 농사지은 걸 제가 그냥 받아도 될지 모르겠네요.

### [6–8]

p.128

6. 남 : 어디에 가려고 그렇게 옷에 신경 써? 옷을 입었다 벗었다 하고…….
   여 : 응, 친구 결혼식이 있어서……. 이 흰 원피스가 맘에 드는데 결혼식에 입고 가기는 좀 그렇지?
   남 : 음……. 그 위에 색깔 있는 옷을 입고 가면 괜찮을 것 같은데…….
   여 : 그래? 그럼 이 하늘색 재킷을 입고 가야겠다.

7. 여 : 나도 시골로 이사할까 하는데 시골 생활이 어때?
   남 : 좀 불편한 점은 있는데 그래도 좋아. 이사 가기 전에 인터넷을 찾아보거나 '지원 센터'에 전화해서 자세한 걸 알아보면 도움이 될 거야.
   여 : 참, 집 근처에 '지원 센터'가 있어. 지금 가서 물어보면 되겠다.

8. 남 : 영희야, 컴퓨터 다 쓴 거 아니니? 컴퓨터를 안 껐네.
   여 : 나중에 또 쓸 거예요. 자꾸 껐다가 켜는 것도 귀찮아요.
   남 : 그래도 전기를 절약하지 않으면 안 돼. 귀찮아도 쓰지 않을 때는 끄도록 해.
   여 : 네, 알겠어요. 아빠.

### [9–10]

p.128

9. 남 : 누나, 오늘 하루만 대한이 좀 봐 줄 수 있어?
   여 : 응, 그래. 뭘 어떻게 해 주면 돼?
   남 : 아침에 집 앞으로 유치원 차가 오니까 그냥 태워서 보내면 돼.
   여 : 집에 오면 점심도 먹여야 되지?
   남 : 아니, 유치원에서 먹고 올 거야. 그냥 간식이나 만들어 줘.
   여 : 알았어. 또 신경 써야 할 건 없어?
   남 : 참, 한 시간 정도 피아노 연습 좀 하게 해 줘. 다음 주에 대회가 있거든.

10. 남 : 안녕하세요? 한국에서는 새 집으로 이사했을 때 옆집에 떡을 돌리면서 인사를 한다고 들었는데요. 이사 문화에 대해 좀 더 자세하게 알려 주세요.
    여 : 네, 맞습니다. 익숙하지 않은 곳에서 새로운 생활을 시작할 때 인간관계가 중요하죠. 그래서 떡을 돌리면서 이웃과 서로 잘 지내려고 하는 것입니다. 주로 팥떡을 돌리는데 팥떡이 나쁜 운을 보내고 좋은 운을 불러 온다고 해서 그렇습니다.

### [11–12]

p.129

11. 여 : 저는 집 앞에 도로가 생기면 더 편하고 좋다고 생각합니다. 버스 정류장도 가까워져서 출퇴근하기가 아주 편해질 것입니다. 시골에서 살아도 도시

에서 사는 것처럼 편의 시설을 쉽게 이용할 수 있게 될 것입니다.

남 : 하지만 도로가 생기면 소음이 심해질 것입니다. 특히 차들이 많이 다니면 다닐수록 시끄러워져서 더 불편할 것 같습니다. 공기도 많이 나빠질 것입니다. 사람들이 시골로 이사 온 이유는 좋은 공기와 여유 있는 생활 때문입니다. 교통은 조금 불편해도 여유 있게 사는 것이 좋다고 생각합니다.

12. 여 : 요즘 사람들은 에너지를 너무 낭비하는 것 같습니다. 아무도 없는 방에 불을 켜 놓기도 하고 이를 닦을 때도 물을 계속 틀어 놓습니다. 전기 제품을 쓰지 않을 때는 플러그를 뽑아 두지 않으면 안 됩니다. 또 컴퓨터를 사용하지 않을 때는 껐다가 다시 쓸 때 켜야 합니다.

남 : 저도 전기를 낭비하는 습관을 고쳐야 한다고 생각합니다. 하지만 절약도 잘 알고 해야 합니다. 너무 자주 컴퓨터를 껐다가 켰다가 하면 전기 요금이 더 많이 나올 수도 있습니다. 잠시 후에 다시 사용할 거라면 그냥 켜 두는 게 전기 요금을 덜 나오게 하는 방법입니다.

### [13-14]

p.129

남 : 여보세요? 저 월세 사는 사람인데요. 보일러가 고장이 난 것 같아요. 어제부터 계속 난방이 안돼요.

여 : 전에 다른 사람이 살던 때는 아무 문제가 없었는데……. 혹시 학생이 관리를 잘못한 거 아니에요?

남 : 이사 온 지는 6개월 정도 됐지만 난방을 튼 건 며칠 안 됐어요. 그리고 보일러가 고장 나면 집주인이 고쳐 줘야 된다고 알고 있는데요.

여 : 그건 그런데요. 날씨가 영하로 내려갈 때는 보일러가 고장 나지 않게 더 관리를 잘 해 줘야 돼요.

남 : 그 문제는 앞으로 더 신경 쓸게요. 그런데 어떻게 고쳐야 하지요?

여 : 수리 센터에 전화해서 수리 기사를 부르세요. 수리비는 나중에 내가 줄게요.

### [15-16]

p.129

남 : 저는 회사에 출근할 때 꼭 정장을 입어야 한다고 생각하지 않습니다. 자유롭고 편하게 옷을 입으면 일도 더 잘할 수 있고 좋은 아이디어도 잘 떠오를 것 같습니다.

여 : 글쎄요. 저는 회사원이라면 깔끔한 옷차림을 하지 않으면 안 된다고 생각합니다. 밖에서 사람들이 볼 때 회사 이미지도 좋아 보이고 무엇보다도 집에서 일하는 것처럼 편하게 일하는 것보다는 조금 긴장하는 게 필요할 것 같은데요.

남 : 만약에 영업 사원이라면 외모에 신경을 더 써야 하겠지만 우리처럼 컴퓨터 게임을 만드는 회사에서는 편한 옷차림이 일하는 데 더 도움이 된다고 생각합니다. 매일 야근하고 주말에도 회사에 나와야 하는데 계속 정장을 입고 있으면 아주 불편하고 피곤합니다.

## 복습 6

### [1]

track 19 p.183

남 : 지금 연주하는 악기가 뭐예요?

여 : 이건 '장구'라는 한국 전통 악기예요.

남 : 모래시계를 옆으로 눕혀 놓은 것 같네요.

여 : 네, 양쪽 둥근 부분을 채로 쳐서 소리를 내는 거예요.

### [2]

p.183

어렸을 때부터 음악을 들으며 자란 사람은 다른 사람을 더 잘 이해한다고 합니다. 음악에는 사람들이 느끼는 슬픔, 기쁨 등이 들어 있어서 음악을 자주 듣고 연주하면 다른 사람의 마음을 잘 알 수 있습니다. 지금부터 아이들에게 좋은 음악을 자주 들려주세요.

### [3-5]

p.183

3. 남 : 요즘 일만 하니까 너무 답답해요. 어디든지 가고 싶어요.

   여 : 내일이 주말인데 캠핑 안 가요? 전에는 자주 갔잖아요.

4. 남 : 오랜만에 연극 보러 오니까 좋다. 그치?

   여 : 응, 그런데 표를 늦게 샀더니 뒷자리라서 무대가 잘 안 보인다.

5. 남 : 얼마 전에 길에서 헤어진 여자 친구를 만났어.

   여 : 어머, 정말? 그래서 어떻게 했어?

## [6–8]

p.184

6. 남 : 너도 들었어? 오늘 수업이 없대.
   여 : 무슨 소리야? 오늘 말하기 시험 보는 날이잖아.
   남 : 그럴 리가 없는데……. 아까 분명히 선배한테서 그렇게 들었어.
   여 : 선배 누구? 전화번호 좀 가르쳐 줘. 당장 확인해 봐야겠어.

7. 여 : 여보, 이따가 저녁 때 뮤지컬 보러 가기로 한 거, 잊지 않았지?
   남 : 응, 그런데 오늘이 어머니 생신인 걸 깜빡 잊었어. 퇴근하자마자 어머니께 가야 할 것 같은데…….
   여 : 어머, 어떡하지? 나도 깜빡했어. 그럼 일단 표를 취소하고 어머님 댁으로 바로 갈게.

8. 남 : 어떤 텐트를 사는 게 좋을까? 네모 모양도 있고 세모 모양도 있는데…….
   여 : 둘 다 있으면 좋겠다. 그래도 하나만 사야겠지?
   남 : 응, 네모 모양은 잘 때 편하지만 크고 무겁고, 세모는 좀 작지만 가벼워서 가지고 다니기 편할 것 같아.
   여 : 그럼 이번에는 작고 가벼운 걸로 사자.

## [9–10]

p.184

9. 남 : 엄마, 지금 뭐 하세요?
   여 : 응, 라면을 끓이다가 뜨거운 물을 쏟았어. 그래서 감자를 갈아서 바르는 중이야.
   남 : 거기에 감자를 바르면 어떡해요? 병원에 가셔야지요.
   여 : 옛날에는 다 이렇게 했어. 이렇게 하면 금방 괜찮아질 거야.
   남 : 그러다가 더 나빠지면 어떻게 해요? 옛날에는 병원이 멀었지만 지금은 집 앞에 있잖아요.
   여 : 이렇게 하면 낫는다니까. 신경 쓰지 마.
   남 : 아무래도 병원에 가는 게 낫겠어요. 제가 모시고 갈게요.

10. 남 : 여보세요. 거기 분실물 센터지요? 제가 가방을 지하철에 두고 내렸는데 혹시 거기 있나 해서요.
    여 : 어떤 거지요? 자세하게 얘기해 주세요.
    남 : 네모난 서류 가방이에요. 노트북만 해요. 안에는 보고서가 들어 있어요. 색깔은 까만색이에요. 한번 찾아봐 주세요.

## [11–12]

p.185

11. 여 : 인터넷에 소문을 퍼뜨리는 것에 대해 어떻게 생각하세요?
    남 : 자기가 확인하지 않은 이야기를 인터넷에 올려서 소문을 퍼뜨리는 것은 좋지 않다고 생각합니다. 사실과 다를 수도 있고 사실이라고 해도 그 사람을 곤란하게 만들 수 있기 때문입니다. 특히 연예인에 대한 소문을 인터넷에서 많이 읽을 수 있습니다. 재미로 글을 올렸겠지만 그 글을 읽는 사람의 마음도 생각해야 하겠습니다.

12. 여 : 요즘 사람들은 컴퓨터를 많이 사용합니다. 어른도 그렇지만 아이들도 시간이 날 때마다 컴퓨터 게임만 하고 있다고 합니다. 이 문제에 대해 어떻게 생각하십니까?
    남 : 제가 어렸을 때는 학교가 끝난 후에 친구들과 같이 노느라고 시간 가는 줄 몰랐는데 정말 많이 달라진 것 같습니다. 어릴 때일수록 밖에서 시간을 많이 보내는 것이 좋습니다. 운동도 배우고 친구들과 어울려 놀아야 합니다. 학교에서도 아이들이 밖에서 하는 활동에 익숙해지도록 체육 시간도 늘리고 야외 활동도 가르쳐 주면 아이들도 밖에서 노는 것을 재미있어 할 것입니다.

## [13–14]

p.185

남 : 여보, 무슨 옷을 그렇게 많이 챙겨요? 2박 3일밖에 안 되는데요.
여 : 오랜만에 여행 가는 건데 예쁜 옷을 많이 가져가면 좋잖아요.
남 : 짐이 무거우면 가지고 다니기 힘들잖아요. 한두 벌이면 충분하지 않아요?
여 : 한두 벌만 가지고 가라니요? 사진도 많이 찍어야 하는데요. 여러 벌 가지고 가면 다양하게 사진도 찍을 수 있고 좋다니까요.
남 : 그리고 이거, 정장 원피스 아니에요? 여행 갈 때는 편하게 입을 수 있는 옷이 좋을 텐데요.
여 : 그러지 말고 당신도 멋있는 옷 좀 더 넣으세요. 우리 이번 여행에서 예쁘고 멋있는 사진 많이 찍고 와요.

## [15-16]

p.185

남 : 이번 연극에 가수 '하루' 씨를 캐스팅하면 어떨까요?

여 : 그런데 '하루' 씨는 연기 경험이 아직 없잖아요. 저는 연극배우 '연신' 씨가 더 잘 어울린다고 생각해요. 연기 경험이 많고 대본도 잘 외워 오는 성실한 사람이에요.

남 : 연기는 연습을 하면 금방 좋아진다니까요. 무엇보다도 '하루' 씨 팬들이 우리 연극을 보러 올 테니까 표가 안 팔릴 걱정은 안 해도 되잖아요.

여 : 그건 처음에만 그렇죠. 인기가 없는 배우라도 연기를 잘하면 시간이 지날수록 입소문이 퍼져서 나중에는 관객이 더 많아질 거예요.

남 : 그럼 연기를 한번 보고 결정하면 어떨까요? 경험이 없다고 해서 다 연기를 못하는 건 아니니까요.

여 : 그럼 오디션 날짜를 잡아 보도록 하죠.

# 모범 답안 Answer key

## 10과 결혼하려면 아직 멀었어요

### 어휘 p.18

**연습 1** 1) 소개팅한 2) 청혼하
3) 연애할 4) 사랑에 빠졌

**연습 3** 1) 줄리가 마이클의 어깨에 기대고 있어요.
2) 수미와 수현이가 서로 팔짱을 끼고 걸어요.
3) 정수와 채린이가 손을 잡고 걷고 있어요.

**연습 4** 1) 사귀어 2) 매력이 있
3) 조건이 맞 4) 고백하
5) 얼굴이 빨개지

### 문법과 표현

**1. A/V-던** p.20

**연습 1** A : 응, 항상 교실 뒤에 앉아 화장을 하던 친구 말이지? 그 친구는 요즘 뭐 해?
B : 유나는 영화배우가 되었어. 너 수미 알지?

**연습 2** 1) 부르시던 2) 입은
3) 찍은 4) 사귀던
5) 먹던 6) 먹은
7) 나오던 8) 쓰던

**2. A/V-잖아(요)** p.22

**연습 1** 1) 지난번에 얘기했잖아요
2) 요즘 연애하잖아요
3) 준현 씨가 많이 먹잖아요
4) 청소기가 고장 났잖아요
5) 멕시코 사람이잖아요
6) 너무 비싸잖아요
7) 매력 있잖아요
8) 오늘 여기서 축구 경기 응원을 하잖아요

**연습 2** 1) 언어 교환을 신청하면 되잖아요
2) 아르바이트를 하면 되잖아요
3) 나중에 선물을 하면 되잖아요
4) 다른 친구에게 물어보면 되잖아요

**연습 3** 1) 벌써 다 끝냈잖아요
2) 여기 있잖아
3) 죽을 때까지 나만 사랑하겠다고 했잖아
4) 오늘이 우리 결혼기념일이잖아

**3. V-(으)ㄹ 생각[계획, 예정]이다** p.24

**연습 1** 1) 예식장을 예약할 계획
2) 신혼여행을 준비할 예정
3) 집을 구할 생각
4) 가구를 살 계획
5) 청첩장을 보낼 예정

**연습 3** 1) 도착할 예정
2) 열릴 예정
3) 나올 예정
4) 정차할 예정

**연습 4** 1) 살 생각이에요
2) 취직할 생각이에요
3) 발리로 일주일 정도 갔다 올 생각이에요
4) 6급까지 공부할 생각이에요

**4. V-(으)려면 멀었다** p.26

**연습 1** 1) 도착하려면 아직 멀었어요
2) 되려면 아직 멀었어요
3) 받으려면 아직 멀었어요
4) 잘하려면 아직 멀었어요

**연습 2** 1) 드라마가 끝나려면 아직 멀었어
2) 제대하려면 아직 멀었어
3) 개강하려면 아직 멀었어
4) 어른이 되려면 아직 멀었어

**연습 4**

| 가 | 나 |
|---|---|
| 고향에 돌아가려면 멀었어요. | 박사 학위를 받으려면 멀었어요. |
| 한국 회사에 취직하려면 멀었어요. | 결혼하려면 멀었어요. |
| 세계 여행을 하려면 멀었어요. | 내 집을 지으려면 멀었어요. |
| 한국 요리를 잘하려면 멀었어요. | 러시아어를 잘하려면 멀었어요. |

## 문형 연습

p.28

연습 1 1. 그거 제가 보던 신문이에요
2. 그거 제가 읽던 책이에요
3. 그거 제가 그리던 그림이에요
4. 그거 제가 만들던 종이꽃이에요

연습 2 1. 싸고 맛있잖아요
2. 길이 막히잖아요
3. 과장님이 안 오셨잖아요
4. 세일 기간이잖아요

연습 3 1. 다음 달에 갈 생각이에요
2. 졸업하자마자 취직할 생각이에요
3. 2년 후에 낳을 생각이에요
4. 다음 주에 할 생각이에요

연습 4 1. 취직하려면 아직 멀었어요
2. 차를 바꾸려면 아직 멀었어요
3. 이사하려면 아직 멀었어요
4. 대학원을 졸업하려면 아직 멀었어요

# 11과 언제든지 일할 수 있어요

## 어휘

p.32

연습 2 1) 대인 관계가 원만한
2) 성실하
3) 최선을 다하
4) 경험이 많아 5) 꼼꼼하

연습 3 1) 신입 사원 2) 부장 3) 직장 상사
4) 동료 5) 부하 직원

연습 4 1) 출퇴근 시간이 자유로워
2) 승진 기회가 많
3) 대기업
4) 휴가가 길어
5) 연봉이 높아

## 문법과 표현

### 1. V-이/히/리/기/우-(사동)

p.34

연습 1

| | | | |
|---|---|---|---|
| 1) 벗다 | 벗기다 | 2) 돌다 | 돌리다 |
| 3) 죽다 | 죽이다 | 4) 살다 | 살리다 |
| 5) 맞다 | 맞히다 | 6) 자다 | 재우다 |
| 7) 입다 | 입히다 | 8) 붙다 | 붙이다 |
| 9) 앉다 | 앉히다 | 10) 먹다 | 먹이다 |
| 11) 끓다 | 끓이다 | 12) 보다 | 보이다 |
| 13) 서다 | 세우다 | 14) 웃다 | 웃기다 |
| 15) 신다 | 신기다 | 16) 알다 | 알리다 |
| 17) 눕다 | 눕히다 | 18) 맡다 | 맡기다 |
| 19) 타다 | 태우다 | 20) 쓰다 | 씌우다 |
| 21) 깨다 | 깨우다 | 22) 울다 | 울리다 |

연습 2 2) 돌려 3) 살려요 4) 맡기
5) 재워 6) 죽이 7) 앉혀
8) 울리 9) 끓인 10) 눕히

연습 3 1) 웃는 → 웃기는
2) 맡았는데 → 맡겼는데
3) 깨 → 깨워
4) 서 → 세워
5) 써 → 씌워
6) 끓어 → 끓여
7) 죽는 → 죽이는
8) 알고 → 알리고
9) 앉고 → 앉히고
10) 신어 → 신겨

연습 4 1) 붙였어 2) 울렸
3) 알리 4) 맡겨

연습 5 1) 살려 주세요 2) 세워 주세요
3) 태워 주세요 4) 씌워 주세요

연습 6 1) 밑기 2) 깨워 3) 입혔
4) 먹여 5) 끓여 6) 씌우
7) 태우 8) 맞혔다 9) 울린
10) 씻기 11) 눕히 12) 재웠

### 2. A-다면, V-ㄴ다면/는다면, N(이)라면

p.38

연습 1 1) 구두가 조금이라도 불편하시다면

2) 합격한다면

3) 문제가 생긴다면

4) 한국 사람처럼 한국말을 잘하게 된다면

5) 한국에 오지 않았다면

6) 친구에게 선물받은 복권이 당첨됐다면

7) 내가 너라면

8) 그 꿈이 사실이라면

**연습 2** 1) 만일 휴대 전화가 없다면 사람들이 편지를 자주 쓸 것이다

2) 만일 100년 전으로 돌아간다면 사람들에게 미래에 대해서 이야기해 줄 것이다

3) 만일 오늘이 12월 31일이라면 친구들과 함께 파티를 할 것이다

4) 만약에 내가 투명 인간이라면 좋아하는 가수의 콘서트를 무료로 보러 갈 것이다

**연습 3** 1) 만약 먹고 있던 케이크에서 다이아몬드 반지가 나온다면

2) 만약 인터넷이 안 된다면

3) 만약 남자 친구가 오늘 나에게 프러포즈한다면

4) 만약 지하철 계단에서 넘어진다면

5) 만약 친구가 나의 비밀을 다른 사람들에게 말한다면

### 3. 무엇이든(지), 무슨 N(이)든(지) p.40

**연습 1** 1) 언제든지 2) 누구든지
3) 어디든지 4) 무엇이든지
5) 어디에서든지

**연습 2** 1) 어떤 음악이든지 2) 어떤 영화든지
3) 무슨 음식이든지 4) 무슨 선물이든지

**연습 3** 1) 누구든지 2) 언제든지
3) 누구든지 4) 언제든지
5) 어디든지 6) 어떤 머리든지

**연습 4** 1) 어느 계절이든지 2) 언제든지
3) 어디든지 4) 무엇이든지
5) 언제든지

## 문형 연습 p.42

**연습 1** 1) 아뇨, 제가 벗겨 주었어요

2) 아뇨, 제가 먹여 주었어요

3) 아뇨, 제가 태워 주었어요

4) 아뇨, 제가 앉혀 주었어요

**연습 2** 1) 내 동생에게 입히면 어울릴 것 같아요

2) 제 조카에게 신기면 잘 맞을 것 같아요

3) 민수 씨에게 맡기면 좋을 것 같아요

4) 부모님께 알리면 제일 기뻐하실 것 같아요

**연습 3** 1) 만약에 내일 모임에 늦게 간다면 사장님이 화를 내실 거예요

2) 만약에 생일 파티를 해 준다면 스티븐이 좋아할 거예요

3) 만약에 먼저 사과한다면 여자 친구도 이해해 줄 거예요

4) 만약에 지하철에 놓고 내렸다면 분실물 센터에 있을 거예요

**연습 4** 1) 언제든지 다 괜찮아요

2) 누구든지 다 괜찮아요

3) 무슨 선물이든지 다 괜찮아요

4) 무슨 음식이든지 다 괜찮아요

# 12과 운동을 했더니 몸이 좋아졌어요

## 어휘 p.46

**연습 1** 2) 세질 거예요 3) 빠졌어요
4) 몸이

**연습 2** 1) 벌리 2) 돌리 3) 펴
4) 들 5) 젖히

## 문법과 표현

### 1. V-았더니/었더니 p.48

**연습 1** 1) 도서관에 늦게 갔더니 시험 기간이라서 자리가 없었어요

2) 낮에 커피를 다섯 잔이나 마셨더니 잠이 안 와요

3) 매일 윗몸 일으키기를 했더니 근육이 생겼어요

4) 보고서 쓰는 것을 도와주었더니 동료가 오늘 점심을 사 주었어요

**연습 2** 1) 어제 저녁을 못 먹었더니

2) 운동을 했더니

3) 약을 먹었더니

4) 오래 걸었더니

연습 3 1) 배가 고파요
2) 눈이 나빠졌어요
3) 기분이 좋아요
4) 사람이 많았어요

연습 4 1) 못 먹더니 2) 갔더니
3) 공부하더니 4) 선물했더니
5) 마셨더니

## 2. 얼마나 A-(으)ㄴ지/V-는지 모른다

p.50

연습 1 1) 한국 음식이 얼마나 맛있는지 몰라요
2) 가족이 얼마나 그리운지 몰라요
3) 회사 일이 얼마나 많은지 몰라요
4) 서울은 얼마나 물가가 비싼지 몰라요

연습 2 1) 얼마나 길이 막히는지 몰라요
2) 얼마나 책을 많이 읽는지 몰라요
3) 얼마나 많이 먹는지 몰라요
4) 얼마나 공부를 열심히 하는지 몰라요

연습 3 1) 토마토를 한번 드셔 보세요. 토마토가 건강에 얼마나 좋은데요
2) 스트레칭을 한번 해 보세요. 스트레칭이 자세 교정에 얼마나 좋은데요
3) 명동에 한번 가 보세요. 명동이 쇼핑하기에 얼마나 좋은데요
4) 인삼차를 사 보세요. 인삼차가 부모님 선물로 얼마나 좋은데요

연습 4 1) 서울
2) 경복궁
3) 아름다운
4) 비빔밥
5) 맛있는지 모릅니다
6) 찜질방 체험입니다. 찜질방에 가면 재미있는 것이 얼마나 많은지 모릅니다
7) 꼭 사야 할 물건은 화장품입니다. 화장품이 얼마나 싸고 좋은지 모릅니다

## 3. A-(으)ㄴ 모양이다, V-는 모양이다, N인 모양이다

p.52

연습 1 1) 음식이 정말 맛있는 모양이에요
2) 불꽃놀이를 하는 모양이에요
3) 공연을 하는 모양이에요
4) 문을 닫은 모양이에요

연습 2 1) 기분이 좋은 걸 보니 여자 친구가 한국에 놀러 온 모양이에요
2) 친구들이 늦는 걸 보니 길이 막히는 모양이에요
3) 전화가 안 되는 걸 보니 고향에 간 모양이에요
4) 빈자리가 없는 걸 보니 시험 기간인 모양이에요

연습 3

[보기] 바람이 많이 불다
1) 옷가게에 사람이 많다
2) 스티븐이 학교에 안 오다
3) 하늘이 흐려지다
4) 노래를 잘 부르다

1) 옷가게에 사람이 많은 걸 보니 옷이 싸고 좋은 모양이다
2) 스티븐이 학교에 안 온 걸 보니 아픈 모양이다
3) 하늘이 흐려지는 걸 보니 비가 올 모양이다
4) 노래를 잘 부르는 걸 보니 가수인 모양이다

연습 4 1) 눈이 올 모양입니다
2) 독감이 유행하는 모양입니다
3) 요리가 다 된 모양입니다

## 4. A/V-아야/어야, N이어야/여야

p.54

연습 1 1) 날씨가 좋아야 캠핑을 갈 수 있을 거예요
2) 한국어를 할 줄 알아야 그 회사에 취직할 수 있을 거예요
3) 출발해야 약속 시간에 늦지 않을 거예요
4) 예약해야 머리를 할 수 있을 거예요

연습 2 1) 이 학교 학생이어야 여기에서 운동을 배울 수 있습니다
2) 성인이어야 선거에 참여할 수 있습니다
3) 중급자 이상이어야 이 운동기구를 사용할 수 있습니다
4) 7세 미만이어야 여기에서 스키를 탈 수 있습니다

연습 3 1) 씻어야 2) 먹어야

3) 예매하셔야 4) 구입하셔야
5) 주문하셔야 6) 도착하셔야

**연습 4** 1) 입어야 2) 예매해야
3) 많지 않아야 4) 예약해야

## 문형 연습

p.56

**연습 1** 1) 약을 먹었더니 열이 내렸어요
2) 카메라를 떨어뜨렸더니 고장 났어요
3) 아까 밥을 먹었더니 배가 안 고파요
4) 비행기를 오래 탔더니 귀가 아파요

**연습 2** 1) 그럼요. 얼마나 재미있는지 몰라요
2) 그럼요. 얼마나 좋은지 몰라요
3) 그럼요. 얼마나 어려운지 몰라요
4) 그럼요. 얼마나 많은지 몰라요

**연습 3** 1) 일이 많은 모양이에요
2) 값이 싼 모양이에요
3) 잠을 자는 모양이에요
4) 우등상을 받은 모양이에요

**연습 4** 1) 열심히 운동해야 건강해질 수 있어요
2) 인터넷으로 예약해야 여행을 싸게 갈 수 있어요
3) 집을 많이 보러 다녀야 좋은 집을 구할 수 있어요
4) 한국어를 잘해야 그 회사에 취직할 수 있어요

## 복습 4 확인하기

### 어휘 확인

p.60

1. 1) 대기업 2) 청혼을 받았어 3) 몸이 가벼워지
4) 쥐가 났어 5) 연애결혼 6) 부하 직원

2. 1) 끼다, 끼, 껴
2) 생기다, 생겼어, 생긴
3) 빠지다, 빠졌어, 빠졌어

### 문법 확인

p.61

1. 1) 외국어 공부를 열심히 해야 좋은 회사에 취직할 수 있거든요
2) 꾸준히 운동을 했더니 건강해졌어요
3) 방금 전까지 제가 쓰던 볼펜이 없어졌어요
4) 만약에 1억이 생긴다면 스포츠카를 살 거예요
5) 아키라 씨는 무슨 음식이든지 잘 먹으니까 좋아할 거예요
6) 결혼하려면 아직 멀었어요. 여자 친구가 아직 학생이고 집 살 돈도 모아야 하니까요

2. 1) 어제 먹던 케이크를 냉장고에 넣어 두었으니까 꺼내 드세요.
2) 취직하려면 아직 멀었어요. 졸업도 해야 하고 군대도 다녀와야 하니까요.
3) 개가 물에 빠진 주인을 살렸어요.

### 평가하기

p.62

1. ④ 2. ④ 3. ① 4. ③ 5. ③ 6. ④ 7. ②
8. ④ 9. ④ 10. ④ 11. ③ 12.④ 13. ③ 14. ③
15. ② 16. ② 17. ①

## 복습 4 듣기

p.65

1. ③ 2. ③ 3. ② 4. ④ 5. ② 6. ① 7. ④ 8. ④
9. ③ 10. ② 11. ③ 12. ④ 13. ④ 14. ③ 15. ④
16. ②

## 복습 4 읽기와 쓰기

p.69

1. ④ 2. ③ 3. ③ 4. ② 5. ② 6. ④
7. ③ 8. ④ 9. ③ 10. ④ 11. ③ 12. ② 13. ④
14. 드디어 결혼합니다.
15. 꼭 참석해 주시기 바랍니다.

## 13과 지금 입고 있는 양복이 잘 어울려요

### 어휘

p.80

**연습 1**

1) 돌잔치 — 우리 서현이가 태어난 지 벌써 일 년이 되었어요. 꼭 오셔서 축하해 주세요.
2) 송년회 — 벌써 12월이야. 올해가 다 가기 전에 동호회 사람들하고 만나기로 했는데 너도 올 수 있지?
3) 동창회 — 이번 주 토요일에 고등학교 때 친구들이 모두 모인대. 같이 가서 재미있게 놀자.
4) 송별회 — 김 과장님과 함께할 수 있는 마지막 자리니까 오늘 저녁 모임에 꼭 참석해 주세요.
5) 집들이 — 새로 이사를 해서 우리 집에서 음식을 대접하고 싶은데 이번 주말에 시간 돼요?

**연습 2** 1) 꾸미 2) 차려 3) 차려입고 4) 대접했 5) 마련한

**연습 3** 1) 하 2) 하, 끼 3) 끼 4) 메

**연습 4** 1) 충분할 2) 모자라 3) 남

### 문법과 표현

#### 1. A/V-(으)ㄹ까 봐

p.82

**연습 1**

[보기] 실수하다 — 다시 잘 확인하다
1) 음식이 남다 — 조금만 준비하다
2) 장소가 좁다 — 대강당을 빌리다
3) 건강에 나쁘다 — 담배를 안 피우다
4) 시험이 어렵다 — 열심히 공부하다
5) 재료가 부족하다 — 충분히 준비하다

1) 음식이 남을까 봐 조금만 준비했어요
2) 장소가 좁을까 봐 대강당을 빌렸어요
3) 건강에 나쁠까 봐 담배를 안 피워요
4) 시험이 어려울까 봐 열심히 공부해요
5) 재료가 부족할까 봐 충분히 준비했어요

**연습 2** 1) 모자랄까 봐서요
2) 필요할까 봐서요
3) 못 일어날까 봐서요
4) 배탈이 날까 봐서요
5) 실수할까 봐

**연습 3** 1) 떨어질까 2) 좁을까
3) 아플까 4) 걱정하실까
5) 떠날까 6) 잘 못할까

#### 2. V-고 있다

p.84

**연습 1** 2) 아버지는 회색 양복을 입고 계세요
3) 어머니는 짧은 파마머리에 한복을 입고 계세요
4) 형은 체크무늬 양복에 줄무늬 넥타이를 매고 있어요
5) 누나는 꽃무늬 원피스를 입고 있어요
6) 여동생은 물방울무늬 치마 정장을 입고 작은 가방을 메고 있어요
7) 사촌 동생은 줄무늬 양복을 입고 안경을 쓰고 있어요
8) 조카는 반바지에 반팔 티셔츠를 입고 있어요

**연습 2** 1) 하고 있 2) 입고 있
3) 차고 다니 4) 메고 있
5) 쓰고 가 6) 신고 가
7) 들고 계시 8) 신고 가

#### 3. A/V-았어야/었어야 했는데

p.86

**연습 1** 1) 더 일찍 왔어야 했는데……
2) 미리 표를 예매했어야 했는데……
3) 소금을 덜 넣었어야 했는데……
4) 우산을 가져왔어야 했는데……
5) 고추장을 조금 넣었어야 했는데……

**연습 2** 1) 미안해요. 참석했어야 했는데
2) 미안해요 연락을 했어야 했는데
3) 선물 준비를 했어야 했는데
4) 지하철을 탔어야 했는데

**연습 3** 1) 연락했어야 했는데……
2) 미리 확인했어야 했는데……
3) 천천히 갔어야 했는데……
4) 안전벨트를 맸어야 했는데……

**연습 4** 1) 부모님 말씀을 잘 들었어야 했는데 잘 듣지 않았다
2) 열심히 했어야 했는데 하지 않았다
3) 부모님과 함께 시간을 보냈어야 했는데 그러지 않았다
4) 편지를 썼어야 했는데 쓰지 않았다
5) 사랑한다고 말했어야 했는데 하지 않았다

### 4. V-도록

p.88

**연습 1**

| | |
|---|---|
| [보기] 발음이 좋아지다 | 열심히 운동하다 |
| 1) 건강해지다 | 조용히 하다 |
| 2) 잃어버리지 않다 | 손잡이를 꼭 잡다 |
| 3) 넘어지지 않다 | 열심히 응원하다 |
| 4) 아이가 잘 자다 | 약을 잘 챙겨 먹다 |
| 5) 감기가 빨리 낫다 | 이름을 쓰다 |
| 6) 우리 팀이 이기다 | 연습을 많이 하다 |

1) 건강해지도록 열심히 운동하세요
2) 잃어버리지 않도록 이름을 쓰세요
3) 넘어지지 않도록 손잡이를 꼭 잡으세요
4) 아이가 잘 자도록 조용히 하세요
5) 감기가 빨리 낫도록 약을 잘 챙겨 먹으세요
6) 우리 팀이 이기도록 열심히 응원하세요

**연습 2** 1) 먹을 수 있도록 2) 익도록
3) 잊어버리지 않도록 4) 늦지 않도록

**연습 3** 1) 세 시간이 넘도록 2) 30분이 지나도록
3) 밤새도록 4) 한 달이 되도록

## 문형 연습

p.90

**연습 1** 1. 밤에 잠이 안 올까 봐 커피를 안 마셔요
2. 행사 준비가 제대로 안될까 봐 걱정이에요
3. 길이 막힐까 봐 일찍 나가요
4. 아침에 일찍 못 일어날까 봐 잠을 잘 못 잤어요

**연습 2** 1. 모자를 쓰고 있는 사람이 지연 씨예요
2. 하늘색 넥타이를 매고 있는 사람이 아키라 씨예요
3. 회색 가방을 들고 있는 사람이 우리 오빠예요
4. 목걸이와 귀걸이를 하고 있는 사람이 제 동생이에요

**연습 3** 1. 발표 준비를 제대로 했어야 했는데……
2. 원고를 미리 써 왔어야 했는데……
3. 출발하기 전에 전화를 했어야 했는데……
4. 회의 시간을 알려 드렸어야 했는데……

**연습 4** 1. 상하지 않도록 냉장고에 넣으세요
2. 지각하지 않도록 알람을 맞추세요
3. 먼지가 많이 끼지 않도록 자주 청소하세요
4. 잃어버리지 않도록 잘 보이는 곳에 놓으세요

## 14과 나이가 들면 들수록 고향이 그리워져요

### 어휘

p.94

**연습 1** 1) 편의 시설이 잘되어 있다
2) 활기차다 3) 공기가 맑다
4) 여유가 있 5) 따분할

**연습 2** 1) 채소 2) 가축
3) 농사 4) 잔디
5) 물고기

**연습 3** 1) 키우 2) 가꾸는
3) 깎은 4) 잡았어

**연습 4** 1) 몰라보 2) 상상이 안돼요
3) 생긴 4) 사라졌어요

## 문법과 표현

### 1. 하도 A/V-아서/어서

p.96

**연습 1** 1) 하도 슬퍼서 2) 하도 비싸서
3) 하도 재미있어서 4) 하도 맛있어서

**연습 2**

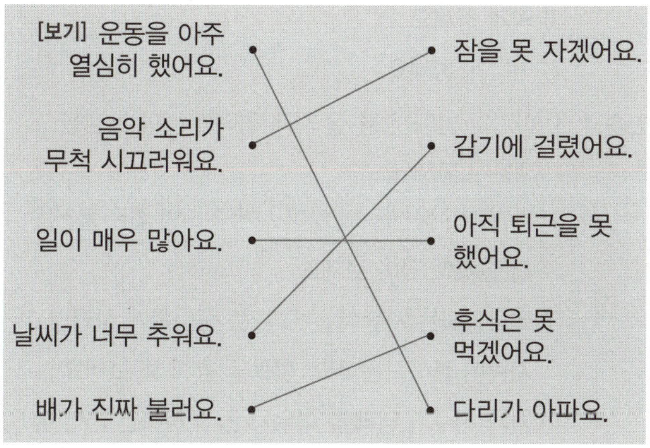


1) 음악 소리가 하도 시끄러워서
2) 배가 하도 불러서
3) 날씨가 하도 추워서
4) 일이 하도 많아서

## 2. A/V-았던/었던 p.97

**연습 1** 1) 갔던 2) 봤던 3) 탔던
4) 갔던 5) 읽었던 6) 잃어버렸던
7) 먹었던

**연습 2** 1) 줄리앙은 제가 고등학교 때 같이 공부했던 친구입니다
2) 불고기는 제가 어렸을 때 어머니가 만들어주셨던 음식입니다
3) '약속'은 제가 대학교 때 봤던 영화입니다
4) '어린 왕자'는 제가 처음 한국에 와서 읽었던 책입니다
5) '아리랑'은 제가 한국어 수업 때 배웠던 노래입니다

**연습 3** 1) 인사했던 2) 달리던 3) 읽던
4) 갔던 5) 먹던 6) 먹었던
7) 하던 8) 만들었던 9) 심었던

## 3. A-아/어하다 p.100

**연습 1** 1) 맛있어해요 2) 추워해
3) 궁금해해 4) 심심해해서
5) 피곤해해 6) 재미있어해
7) 어려워해

**연습 2** 2) 불편해하시니까 3) 배고파하시니까
4) 심심해하시면 5) 좋아하실 거예요
6) 외로워하셨는데 7) 행복해하세요
8) 고마워하고

**연습 3** 1) 힘들어서 2) 예뻐하셔서
3) 아팠어요 4) 속상해요
5) 싫어 해서 6) 나빠하지

## 4. A/V-(으)면 A/V-(으)ㄹ수록 p.102

**연습 1** 1) 읽으면 읽을수록 재미있어요
2) 추우면 추울수록 움직여야 해요
3) 올라가면 올라갈수록 경치가 좋았어요
4) 도시가 발전하면 발전할수록 교통이 복잡해져요
5) 어리면 어릴수록 외국어를 빨리 배워요
6) 살면 살수록 건강이 나빠져서요
7) 가까우면 가까울수록 월세가 비싸요

**연습 2** 2) 가수는 춤을 잘 추면 잘 출수록 인기가 많아요 / 가수는 노래를 잘할수록 인기가 많아요
3) 친구는 많으면 많을수록 좋아요 / 공부를 잘할수록 친구들한테 인기가 많아요
4) 자동차는 비싸면 비쌀수록 좋아요 / 자동차는 클수록 비싸요

**연습 3** 1) 나이 2) 걸레 3) 빵
4) 빛 5) 풍선 6) 별
7) 낮과 밤 8) 꿈

## 문형 연습 p.104

**연습 1** 1. 하도 피곤해서 늦게 일어났어요
2. 일이 하도 많아서 못 갔다 왔어요
3. 옷을 하도 많이 입어서 춥지 않아요
4. 점심을 하도 많이 먹어서 배불러요

**연습 2** 1. 어제 만들었던 음식요
2. 아침에 들었던 음악요
3. 아까 마셨던 주스요
4. 어제 불렀던 노래요

**연습 3** 1. 아내도 좋아해요
2. 친구도 힘들어해요
3. 어머니도 슬퍼하셨어요
4. 그 친구도 기뻐했어요

**연습 4** 1. 만나면 만날수록 마음에 들어요
2. 달리기를 하면 할수록 건강해져요
3. 들으면 들을수록 좋아요
4. 차가우면 차가울수록 맛있어요

## 15과 전기를 아껴 쓰지 않으면 안 돼요

### 어휘

p.108

**연습 1**

| | |
|---|---|
| [보기] 보일러가 고장 났어요. | 전기가 나갔어요. |
| 1) 아파트 물탱크 청소를 해요. | 천장에서 물이 새요. |
| 2) 욕조 하수구가 막혔어요. | 소음이 심해요. |
| 3) 위층에서 아이들이 뛰어 놀아요. | 물이 안 내려가요. |
| 4) 변기에 비누가 빠졌어요. | 난방이 안돼요. |
| 5) 태풍 때문에 전봇대가 쓰러졌어요. | 이상한 냄새가 나요. |
| 6) 음식물 쓰레기를 안 버렸어요. | 변기가 막혔어요. |
| 7) 지붕이 낡았어요. | 수돗물이 안 나와요. |

1) 아파트 물탱크 청소를 해서 수돗물이 안 나와요
2) 욕조 하수구가 막혀서 물이 안 내려가요
3) 위층에서 아이들이 뛰어 놀아서 소음이 심해요
4) 변기에 비누가 빠져서 변기가 막혔어요
5) 태풍 때문에 전봇대가 쓰러져서 전기가 나갔어요
6) 음식물 쓰레기를 안 버려서 이상한 냄새가 나요
7) 지붕이 낡아서 천장에서 물이 새요

**연습 2** 1) 계약서 2) 보증금
3) 납부해 4) 포함되
5) 공과금 6) 밀리
7) 연체료 8) 계약 기간

### 문법과 표현

**1. V-게 하다** p.110

**연습 1** 1) 놀 2) 마시 3) 먹
4) 먹 5) 입

**연습 2** 1) 자리에서 일어나게 하면 어떨까요?
2) 숙제를 하고 나서 게임을 하게 하면 어떨까요?
3) 텔레비전을 많이 보지 못하게 하세요.
4) 오기 전에 미리 연락하게 하세요.

**연습 3** 2) 신나는 음악을 듣게 하세요
3) 먹게 하세요
4) 만나게 하세요

**연습 4** 1) 아기가 밤에 잠을 잘 자게 하려면 낮에 낮잠을 재우지 마세요
2) 손님들이 물건을 더 많이 사게 하려면 좋은 물건을 더 싼값에 팔아 보세요
3) 짝사랑하는 사람이 ○○ 씨를 좋아하게 하려면 그 사람이 좋아하는 취미 활동을 함께 해 보세요
4) 남자 친구가 담배를 피우지 않게 하려면 금연 껌을 선물해 보세요

**2. A/V-(으)ㄹ걸(요)** p.112

**연습 1** 1) 인터넷으로 내도 될걸요
2) 어렵지 않을걸요
3) 이해할 수 있을걸요
4) 불편하지 않을걸요

**연습 2** 1) 글쎄요. 아마 고쳐 줄걸요
2) 글쎄요. 직접 가서 보는 게 좋을걸요
3) 글쎄요. 많은 사람들이 노력하고 있으니까 10년쯤 후에 통일될걸요
4) 글쎄요. 서로 사랑하니까 떠나지 않을걸요

**연습 3** 1) 아닐걸. 친구들과 게임을 했을걸
2) 역사에 대해 관심이 많으니까 다 읽었을걸
3) 김밥을 좋아하니까 맛있게 먹었을걸
4) 출발하신 지 3시간이 넘었으니까 거의 다 도착하셨을걸

**연습 4** 1) 다리에 있을걸요.
2) 호랑이가 이길걸요. 호랑이가 더 무서워 보이잖아요.
3) 음식 대신 알약을 먹을걸요.
4) 집값이 내릴걸요. 아파트를 많이 지었잖아요.
5) 빨리 고향으로 돌아오라고 할걸요.

**3. A/V-지 않으면 안 되다** p.114

**연습 1** 1) 성격이 잘 맞지 않으면 안 돼요
2) 운동하지 않으면 안 돼요
3) 일하지 않으면 안 돼요
4) 출발하지 않으면 안 돼요

**연습 2** 2) 새벽 1시 이후에는 불을 끄지 않으면 안 됩니다
3) 쓰레기는 반드시 쓰레기봉투에 넣어서 버리지 않으면 안 됩니다
4) 기숙사 식당을 이용할 때는 학생증을 보여 주지 않으면 안 됩니다
5) 요리할 때는 1층 부엌을 이용하지 않으면 안 됩니다

**연습 3** 2) 너무 무리했더니 몸살이 나서 쉬지 않으면 안 될 것 같아.
3) 부모님이 편찮으셔서 고향에 내려가지 않으면 안 돼.
4) 월요일에 중요한 회의가 있어서 주말에 준비를 하지 않으면 안 돼.

**연습 4** 우리 고향에서는 오른쪽 길로 운전하지 않으면 안 됩니다. 우리 고향에서는 밥을 먹을 때 오른손으로 먹지 않으면 안 됩니다.

### 4. V-는 길에

p.116

**연습 1** 1) 퇴근하는 길에 2) 학교 가는 길에
3) 나갔다 오는 길에 4) 올라오는 길에

**연습 2** 1) 돌아오는 길에 2) 시장 갔다 오는 길에
3) 출근하는 길에 4) 나가는 길에

**연습 3** 1) 운동 갔다 오는 길에
2) 학교에 가는 길에
3) 수업하러 가는 길에

**연습 4** 1) 돌아가는 길 2) 가는 길

## 문형 연습

p.118

**연습 1** 1. 그래서 친구에게 음식을 준비하게 했어요
2. 그래서 친구에게 비행기 표를 예약하게 했어요
3. 그래서 친구에게 고기를 사 오게 했어요
4. 그래서 친구에게 집을 청소하게 했어요

**연습 2** 1. 학교 서점에서 팔걸요
2. 사무실에 내야 할걸요
3. 집주인에게 말해야 할걸요
4. 샤오밍 씨가 잘 알걸요

**연습 3** 1. 운동 효과를 보려면 매일 30분 이상 운동 하지 않으면 안 돼요
2. 여행을 가려면 이번 주까지 여행사에 돈을 입금하지 않으면 안 돼요
3. 비행기를 타려면 출발 3시간 전까지 공항에 가지 않으면 안 돼요
4. 날씨가 아직 쌀쌀해서 긴바지를 입지 않으면 안 돼요

**연습 4** 1. 밖에 나가는 길에 내가 낼게
2. 출근하는 길에 내가 버릴게
3. 집에 오는 길에 내가 사 올게
4. 운동하러 가는 길에 내가 맡길게

## 복습 5 어휘와 문법

### 어휘 확인

p.122

1. 1) 매 2) 메 3) 썰었어
4) 깎 5) 아껴 6) 아까워

2.

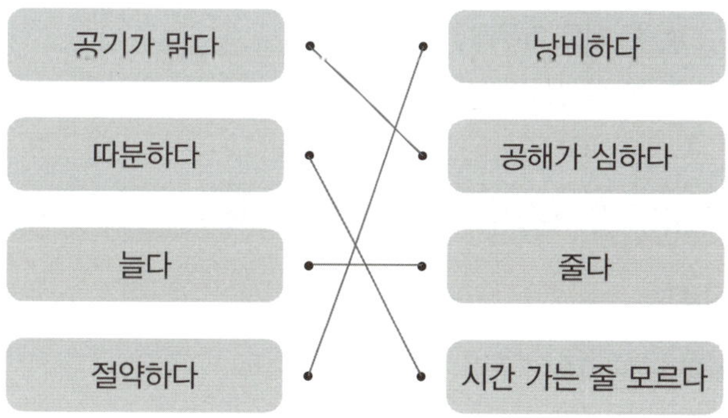


1) 공기가 맑, 공해가 심해
2) 따분해, 시간 가는 줄 모르
3) 늘, 줄 4) 절약할, 낭비하

### 문법 확인

p.123

1. 1) 주변이 하도 시끄러워서 시골로 이사하려고요
2) 잘 먹을걸요
3) 만나면 만날수록 마음에 들어요
4) 조용한 음악을 듣게 하세요
5) 발표를 잘할 수 있도록 충분히 연습하세요
6) 우선 식비를 아끼지 않으면 안 돼요

2. 1) 시험을 잘 못 볼까 봐 열심히 공부했어요
2) 언니가 결혼할 때 입었던 드레스를 나에게 주었어요
3) 마이클 씨가 한국어 쓰기 숙제를 어려워해서 내가 도와줬어요

### 평가하기 p.124

1. ① 2. ③ 3. ④ 4. ④ 5. ① 6. ① 7. ③
8. ② 9. ① 10. ③ 11. ① 12. ③ 13. ④ 14. ②
15. ① 16. ② 17. ④

## 복습 5 듣기 p.127

1. ② 2. ④ 3. ④ 4. ④ 5. ③ 6. ③ 7. ②
8. ② 9. ③ 10. ② 11. ③ 12. ④ 13. ① 14. ②
15. ③ 16. ④

## 복습 5 읽기와 쓰기 p.131

1. ② 2. ④ 3. ④ 4. ② 5. ③ 6. ② 7. ④ 8. ④
9. ① 10. ④ 11. ③ 12. ④ 13. ③
14. 한 해를 마무리하
15. 꼭 참석해 주십시오.

# 16과 가야금이 사람 키만 해요

## 어휘 p.142

**연습 1** 1) 가슴이 뛰어
2) 마음에 여유가 생기
3) 신이 나
4) 가슴이 설레어

**연습 2** 1) 동그라미 / 거칠
2) 세모 / 뾰족합니다 / 매끄럽습니다
3) 네모 / 딱딱합니다
4) 동그라미 / 부드럽습니다

**연습 3** 1) 네모 / 불어서 2) 세모 / 튕겨서
3) 동그라미 / 쳐서 4) 네모 / 눌러서
5) 세모 / 쳐서

## 문법과 표현

### 1. N만 하다 p.144

**연습 1** 1) 수첩만 해요 2) 여의도만 한
3) 책상만 했어요 4) 호랑이만 하
5) 엄지손가락만 한 6) 손바닥만 한
7) 공책만 해요

**연습 2** 1) 대문짝만 2) 쥐꼬리만
3) 모기만 4) 축구장만
5) 집채만

### 2. V-(으)ㄹ 생각도 못 하다 p.146

**연습 1** 1) 미리 비행기 표를 사 놓지 않으면 휴가를 갈 생각도 못 해요
2) 열심히 돈을 모으지 않으면 집을 살 생각도 못 해요
3) 민수 씨가 도와주지 않으면 그 일을 끝낼 생각도 못 해요

**연습 2** 1) 구두가 너무 작아서 신을 생각도 못 해요
2) 악어들이 많아서 수영할 생각도 못 해요
3) 저 선수가 힘이 세서 이길 생각도 못 해요
4) 배가 아파서 아이스크림을 먹을 생각도 못 해요

**연습 4** 1) 어른 앞에서 담배를 피울 생각도 못 해요
2) 혼자 여행을 갈 생각도 못 했어요
3) 전화를 받을 생각도 못 해요
4) 아버지 말씀을 어길 생각도 못 해요
5) 차를 살 생각도 못 해요

### 3. V-(으)ㄹ 만하다 p.148

**연습 1** 1) 갈치조림이 먹을 만해요
2) 장구가 배울 만해요
3) '2박 3일'이 볼만해요
4) 올레길 걷기가 해 볼 만해요
5) 수상 스키가 타 볼 만해요

**연습 2** 1) 괜찮아요. 좀 짜지만 먹을 만해요
2) 괜찮아요. 좀 어렵지만 공부할 만해요
3) 괜찮아요. 좀 불편하지만 생활할 만해요
4) 괜찮아요. 좀 진하지만 마실 만해요

**연습 3** 1) 구경할 만한
2) 탈 만한
3) 먹어 볼 만한
4) 쉴 만한
5) 가 볼 만한

**연습 4** 1) 서울 / 가 볼
2) 동대문 / 구경할
3) 갈비 / 먹을

4) 사물놀이 / 배울

5) 유람선 / 탈

### 4. A/V-기로 유명하다, N(으)로 유명하다 p.150

**연습 1** 1) 쇼핑이 편리하기로 유명해요
2) 바다가 깨끗하기로 유명해요
3) 인터넷 속도가 빠르기로 유명해요
4) 사과가 맛있기로 유명해요
5) 돌, 바람, 여자가 많기로 유명해요

**연습 2** 1) 유명한 2) 부르기
3) 추기 4) 유명해
5) 슬프기

**연습 4** 1) 아름다운 바다
2) 사람들이 친절하
3) 맛있는 생선으
4) 교통이 복잡하

## 문형 연습 p.152

**연습 1** 1. 네, 작은 쥐만 해요
2. 네, 사람만 해요
3. 네, 명함만 해요
4. 네, 농구공만 해요

**연습 2** 1. 아뇨, 비싸서 새 컴퓨터를 살 생각도 못 해요
2. 아뇨, 시간이 없어서 김치를 담글 생각도 못 해요
3. 아뇨, 길이 복잡해서 운전을 할 생각도 못 해요
4. 아뇨, 일이 많아서 여행 갈 생각도 못 해요

**연습 3** 1. 정말 올라가 볼 만해요
2. 정말 타 볼 만해요
3. 정말 가 볼 만해요
4. 정말 배워 볼 만해요

**연습 4** 1. 옷이 싸기로 유명하거든요
2. 바다가 깨끗하기로 유명하거든요
3. 게가 맛있기로 유명하거든요
4. 박물관이 많기로 유명하거든요

# 17과 두 사람이 연인 사이라니요?

## 어휘 p.156

**연습 1** 1) 소문을 퍼뜨린 2) 틀림없어요
3) 믿어지지 않아요 4) 그럴 수 있
5) 소문이 났어 6) 그럴 리가 없어요

**연습 2** 1) 우연히 2) 자세히
3) 분명히 4) 솔직히

**연습 3** 1) 실망했어 2) 오해하
3) 오해를 풀 4) 다투
5) 화해하자

## 문법과 표현

### 1. V-고 보니 p.158

**연습 1** 1) 알고 보니 2) 만나고 보니
3) 졸업하고 보니 4) 전화를 걸고 보니
5) 그리고 보니 6) 이사하고 보니

**연습 2** 1) 입고 보니 2) 타고 보니
3) 켜고 보니

**연습 3** 1) 마음에 안 들어서 다시 쓰려고 해요
2) 옆집 남자였대요
3) 지갑을 안 가져가서 도로 나왔어요
4) 돈이 모자라서요

### 2. A-(으)ㄴ/V-는 척하다 p.160

**연습 1** 1) 없는 척했어요
2) 괜찮은 척했어요
3) 아픈 척하
4) 바쁜 척하
5) 전화하는 척하세요
6) 알아듣는 척했어요
7) 마음에 드는 척했어요
8) 못 본 척했어요

**연습 2** 1) 자는 척했이요
2) 청소하는 척했어요
3) 공부하는 척하면서
4) 바쁜 척했어요
5) 모르는 척했어요
6) 일하는 척하면서

### 3. A/V-다니(요), N(이)라니(요) p.162

**연습 1** 1) 고프다니요
2) 오다니요
3) 한 사람도 안 오다니요
4) 애인이라니요
5) 결혼을 하다니
6) 문을 닫다니
7) 시험에 떨어지다니
8) 예순 살이시라니

**연습 2** 1) 비가 내리다니
2) 대학교에 합격하다니
3) 아이를 구하다니
4) 다치다니

### 4. N(이)라고 (해서) 다 A(으)ㄴ/ V-는 것은 아니다 p.164

**연습 1** 1) 외국인이라고 해서 다 한국말을 못하는 것은 아니에요. 한국말을 잘하는 외국인도 있어요
2) 대도시라고 해서 다 생활이 편한 것은 아니에요. 불편한 점도 있어요
3) 가수라고 해서 다 노래를 잘하는 것은 아니에요. 노래를 잘 못하는 가수도 있어요
4) 요리사라고 해서 무슨 음식이나 만들 수 있는 것은 아니에요. 전 브라질 음식은 못 만들어요

**연습 2** 1) 자격증이 많다고 해서 다 취직이 되는 것은 아니에요
2) 반짝인다고 해서 다 금은 아니에요
3) 비가 온다고 해서 항상 무지개를 볼 수 있는 것은 아니에요
4) 전자 공학과를 졸업했다고 해서 휴대폰을 고칠 수 있는 것은 아니에요

**연습 3** 2) 배우라고 해서 다 연기를 잘하는 것은 아니다
3) 사귄다고 해서 다 결혼을 하는 것은 아니다
4) 한국에 오래 산다고 해서 다 한국말을 잘하게 되는 것은 아니다

## 문형 연습 p.166

**연습 1** 1) 바지를 사고 보니 너무 작았어요
2) 설명을 듣고 보니 이해가 됐어요
3) 나중에 알고 보니 대학 동창이었어요
4) 지하철에서 내리고 보니 가방이 없었어요

**연습 2** 1) 네. 하지만 잘 먹는 척했어요
2) 네. 하지만 알아들은 척했어요
3) 네. 하지만 마음에 드는 척했어요
4) 네. 하지만 모르는 척했어요

**연습 3** 1) 네? 찌개가 너무 맵다니요
2) 네? 교실에 아무도 없다니요
3) 네? 알리 씨가 고향에 돌아가다니요
4) 네? 퇴근하는 길에 교통사고가 나다니요

**연습 4** 1) 아니요, 대도시라고 다 공기가 나쁜 건 아니에요
2) 아니요, 지하철이라고 다 버스보다 편한 건 아니에요
3) 아니요, 키 큰 사람이라고 다 농구를 잘하는 건 아니에요
4) 아니요, 이 가게 물건이라고 다 좋은 건 아니에요

# 18과 거울이 깨지고 말았어요

## 어휘 p.170

**연습 1** 2) 무대 3) 대본
4) 대사 5) 관객

**연습 2** 2) 홱 돌아본 3) 벌떡 일어나
4) 소리를 지르 5) 고개를 끄덕이
6) 고개를 가로저으 7) 빼앗
8) 숨겼 9) 깨뜨린

## 문법과 표현

### 1. A-다니까(요), V-ㄴ다니까(요)/는다니까(요), N(이)라니까(요) p.172

**연습 1** 1) 않았다니까요 2) 갔다니까요
3) 들어갔다니까요 4) 아니라니까요
5) 훔치지 않았다니까요

**연습 2** 1) 맛있다니까 2) 잠갔다니까
3) 없다니까요 4) 그냥 친구 사이라니까요

### 2. V-고 말다 p.173

**연습 1** 1) 떨어지고 말았다
2) 놓치고 말았다
3) 죽고 말았다
4) 싸우고 말았다

**연습 2** 1) 병이 나고 말았대요
2) 헤어지고 말았대요
3) 거짓말을 하고 말았어요
4) 놓치고 말았어요

## 문형 연습

p.174

**연습 1** 1) 취소됐다니까요
2) 100점을 받았다니까요
3) 안 오셨다니까요
4) 결혼반지를 샀다니까요

**연습 2** 1) 아니요, 떨어지고 말았어요
2) 아니요, 헤어지고 말았어요
3) 아니요, 잊어버리고 말았어요
4) 아니요, 그만두고 말았어요

## 복습 6 확인하기

### 어휘 확인

p.178

1. 1) 깨뜨려 2) 깨지 3) 부드럽
4) 매끄러 5) 그럴 리가 없어 6) 틀림없어

2.

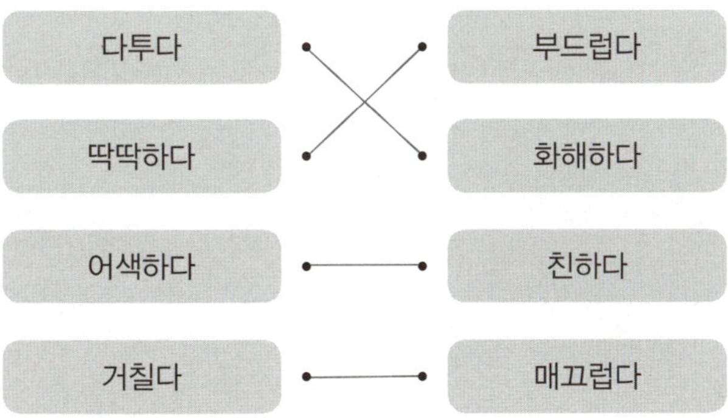


1) 다퉜 / 화해하
2) 딱딱한 / 부드러워
3) 어색했 / 친해
4) 거칠어진 / 매끄러워

### 문법 확인

p.179

1. 1) 열심히 공부했지만 떨어지고 말았어요
2) 지금 출발하지 않으면 9시에 도착할 생각도 못 해요
3) 민수 씨가 회사를 그만두다니요
4) 그럼 바쁜 척하지 그래요
5) 제주도 경치가 아름답기로 유명하잖아요
6) 저는 먹을 만한데요. 맛있어요

2. 1) 자리에 앉고 보니 노약자석이라서 얼른 일어났어요
2) 백화점이라고 해서 무슨 물건이나 다 비싼 것은 아니에요
3) 휴가철에는 항공 요금이 하도 비싸서 해외여행을 갈 생각도 못 해요

### 평가하기

p.180

1. ② 2. ④ 3. ③ 4. ② 5. ① 6. ④
7. ③ 8. ① 9. ② 10. ① 11. ② 12. ④ 13. ②
14. ③ 15. ② 16. ③ 17. ③

## 복습 6 듣기

p.183

1. ② 2. ④ 3. ④ 4. ① 5. ② 6. ③ 7. ③
8. ③ 9. ④ 10. ② 11. ③ 12. ① 13. ④ 14. ②
15. ④ 16. ③

## 복습 6 읽기와 쓰기

p.187

1. ① 2. ③ 3. ④ 4. ③ 5. ③ 6. ③ 7. ④
8. ② 9. ① 10. ④ 11. ③ 12. ③ 13. ③
14. 손바닥만 합니다.
15. 연락해 주시기 바랍니다.

## 집필 Authors

**최은규 Choi Eunkyu**

서울대학교 국어국문학과 박사
Seoul National University, Ph.D. in Korean Language and Literature

서울대학교 언어교육원 한국어교육센터 대우부교수
Seoul National University, LEI Associate Professor

**정영미 Chung Youngmee**

한국학중앙연구원 한국학 석사
The Academy of Korean Studies, M.A. in Korean Studies

서울대학교 언어교육원 한국어교육센터 대우전임강사
Seoul National University, LEI Full-time Instructor

**김정현 Kim Junghyun**

경희대학교 외국어로서의 한국어 교육학 석사
Kyung Hee University, M.A. in Education, Korean Language Education as a Foreign Language

서울대학교 언어교육원 한국어교육센터 대우전임강사
Seoul National University, LEI Full-time Instructor

**김현경 Kim Hyunkyung**

한국외국어대학교 제2외국어로서의 한국어교육 석사
Hankuk University of Foreign Studies, M.A. in Education of Korean as a Second Language

서울대학교 언어교육원 한국어교육센터 대우전임강사
Seoul National University, LEI Full-time Instructor

## 번역 Translator

**로버트 카루바 Robert Carrubba**

서강대학교 국어국문학과 석사
Sogang University, M.A. in Korean Language and Literature

한국어 교육자 및 번역가
Korean Language Educator and Translator

## 번역 감수 Translation Editor

**이소영 Lee Soyoung**

이화여자대학교 교육공학과 박사
Ewha Womans University, Ph.D. in the Department of Educational Technology

서울대학교 언어교육원 한국어교육센터 대우전임강사
Seoul National University, LEI Full-time Instructor